GUY JARVIE

VÓS QUE SÃO CRISTO

Uma Conversa Com Companheiros Crentes

First published by Hayes Press 2021

Copyright © 2021 by Guy Jarvie

Tradução para português por Isabel Pinheiro Portugal.

Para mais informações sobre as Igrejas de Deus, visite www.churchesofgod.info

Third edition

*This book was professionally typeset on Reedsy.
Find out more at reedsy.com*

Contents

1. PREFÁCIO — 1
2. CAPÍTULO UM: A PALAVRA DE DEUS — 4
3. CAPÍTULO DOIS: O NOVO NASCIMENTO — 7
4. CAPÍTULO TRÊS: NOSSA TRÍPLICE SALVAÇÃO — 11
5. CAPÍTULO QUATRO: BATISMO — 17
6. CAPÍTULO CINCO: A IGREJA QUE É O CORPO DE CRISTO — 22
7. CAPÍTULO SEIS: A IGREJA E AS IGREJAS DE DEUS — 26
8. CAPÍTULO SETE: A CASA DE DEUS — 34
9. CAPÍTULO OITO: O REINO DE DEUS — 40
10. CAPÍTULO NOVE: O PARTIR DO PÃO — 46
11. CAPÍTULO DEZ: O CONSOLADOR – O SANTO ESPÍRITO — 50
12. CAPÍTULO ONZE: A VIDA DO CRISTÃO — 55
13. CAPÍTULO DOZE: A GUERRA DO CRISTÃO — 59
14. CAPÍTULO TREZE: A VINDA DO SENHOR — 66
15. CAPÍTULO QUATORZE: O TRIBUNAL DE CRISTO — 71
16. EPÍLOGO — 75

1

PREFÁCIO

Este livro foi escrito para crentes no Senhor Jesus Cristo, e o autor deseja saudar a todos em nome de Cristo. Existe um vínculo maravilhoso entre os crentes em todos os lugares. Eles são todos um em Cristo Jesus, membros de Cristo, e um dia irão compartilhar Sua glória. Então, as divisões que existem entre os crentes, no testemunho externo, cessarão. Quão perfeito nós seremos quando O virmos, "Mesmo não o tendo visto, vocês o amam"! O pensamento sobre o que seremos, certamente deve nos levar ao exercício de todo nosso coraçao para mostrar, mesmo agora, a unidade que é preciosa para o Senhor (Jo.17:21). A manifestacao dessa unidade no testemunho só pode ser resultado de uma busca a Deus e à Sua palavra cheia de graça. Nós devemos guardar em nossos corações a verdade de Deus conforme ela nos é revelada.

Neste livro o desejo do autor é de apresentar a palavra de Cristo de forma que Ele será engrandecido, e que aqueles que são Seus será ajudado pelo conhecimento da verdade para crescer Nele que é a Cabeça, Cristo (Ef.4:15). A verdade de Deus não é facilmente encontrada; deve ser procurada e procurada; e o que talvez seja o mais difícil de tudo, devemos nos sujeitar a ele quando o encontrarmos. Somos preconceituosos e desobediente por natureza, mas o amor de Cristo, que primeiro nos atraiu a Ele para a nossa salvação continuará a nos atrair e a nos tornar desejosos, se apenas nos rendermos a Ele.

O próprio Senhor percebeu o efeito que Sua palavra teve sobre aqueles que acreditaram Nele, e Ele define para nós três classes dos crentes (Lucas 11:45). Alguns são como a semente caindo no terreno pedregoso, que tinha pouca terra; em que se foi criado raízes, mas logo definhou. Alguns são como a semente caindo entre espinhos, que cresceram entre espinhos e eles o sufocaram. Mas outros - e como alegra o coração do Senhor ao pensar neles - eram como os semente caindo no solo bom. Estes, o Senhor disse, "são os que, com coração bom e generoso, ouvem a palavra, a retêm e dão fruto, com perseverança." Que o tanto o autor quanto o leitor sejam como o do último tipo!

O cristão não precisa ser inteligente para seguir seu Senhor, mas ele precisa de um coração honesto e bom. Para fazer progresso nas coisas de Deus, ele deve amar a verdade, e ele deve amá-la tanto que ele vai cumpri-la, custe o que custar (Pv.23:23). O discípulo do Senhor deve encontrar suas doutrinas na Palavra de Deus, e ele deve ver que as doutrinas que ele mantém são as doutrinas ensinadas pelo Senhor e Seus apóstolos (Atos 2:41-42; 1 Cor.14:37). É bom lembrar que o Espírito de Deus veio para nos guiar em toda a verdade (Jo.16:13). Enquanto lemos em oracao, Ele revelará a nós as coisas de Cristo.

É natural que na juventude sejamos influenciados e dirigidos por nossos pais ou tutores, mas tendo chegado aos anos de responsabilidade devemos procurar encontrar, a partir da Palavra de Deus, a verdade de Deus. Nesta busca é essencial um coração honesto e bom, pois Deus revelará Sua vontade a todos os que buscam Ele (Mat.7:7). É a Sua vontade que todos os homens sejam salvos e venha ao conhecimento da verdade (1 Timóteo 2:4). Doutrinas erradas abundam e são até ensinadas por alguns que parecem se submeter a autoridade suprema da Bíblia. No entanto, aqueles que amam o Senhor, não se deixam enganar facilmente. É a atitude para com a pessoa e a Palavra de Cristo que é sempre a prova. "O que você pensa de Cristo?" (Mat.22:42) ainda é a maior pergunta feita nos corações humano. Companheiro cristão, vamos à Palavra de Deus e à oração. Estamos chegando ao fim desta dispensação e logo o Mestre está chegando. Que possamos amá-lo e servi-lo, e que quando Ele vier, não sejamos envergonhados diante Dele em Sua chegada.

2

CAPÍTULO UM: A PALAVRA DE DEUS

"Tua palavra é lâmpada para meus pés. E luz para o meu caminho" (Ps.119:105).

As Escrituras são inspiradas por Deus (2 Timóteo 3:16). Homens usados por Deus falaram, sendo movido pelo Espírito Santo (2 Ped.1:21). A Bíblia portanto, é diferente de todos os outros livros; embora escrita por homens, são palavras vinda de Deus. Na Bíblia, o cristão encontra o alimento espiritual que pode satisfazer a nova natureza dentro dele. Para a Bíblia que ele recorre em todas as ocasiões para edificação, correção e conforto. Foi dada ao homem de Deus para que ele possa ser completo e dedicado a toda boa obra (2 Timóteo 3:17).

O discípulo do Senhor Jesus Cristo não aceitará os decretos de qualquer igreja como tendo o mesmo valor que as Escrituras; nem aceitará as supostas visões de qualquer homem ou mulher como um acréscimo à palavra de Deus. A Palavra de Deus, e somente isso, é seu guia nas coisas espirituais. Este livro o livra dos erros da Igreja de Roma, bem como as "visões" do cristão

Cientistas, os Adventistas do Sétimo Dia, os Swedenborgianos e todos os que acrescentam ou retiram da Palavra. O livro está completo. Não só está completo, mas é perfeito. "As palavras do Senhor são palavras puras" (Salmos 12:6).

É atacado por alguns que professam amá-lo; pelos professores em alguns seminários teológicos. Esses homens minam a fé de homens mais jovens nas Escrituras Sagradas. Por eles não entenderem as Escrituras, inferem e ensinam que as Escrituras não podem ser inteiramente verdadeiras. Seus escritos, que demonstram sua própria ignorância das Escrituras, perturbam a fé de muitos que buscam mais luz. Enquanto professam reverenciar a pessoa de Cristo, eles negam Suas palavras.

Ele deu testemunho da história da criação como no livro de Gênesis (Mat.19:4-5); à história do dilúvio (Mt.24:37); e para a experiência de Jonas (Mat.12:40), mas tudo isso e muito mais eles negam. Eles não acreditam na inspiração das Escrituras; eles pregam outro evangelho, que não é o evangelho de Jesus Cristo. É um evangelho que a salvação do homem depende principalmente dele mesmo.

Agradecemos a Deus por muitos homens fiéis que acreditam na Bíblia como sendo inspirado por Deus, e que ensinam desta maneira. Estamos agradecidos também por muitos em cujo coração Deus colocou o desejo de espalhar as Escrituras. Agora é publicado em mais de milhares de línguas diferentes, e em quase todas as partes do mundo as pessoas podem ler essas palavras vivificantes em sua própria língua. Cristão, vamos manter a palavra fiel (Tito 1:9) A medida que examinamos suas páginas nos capítulos seguintes, que ela seja proeminente em nossos conselhos, corrigindo nossos erros e nos levando a fazer o vontade de nosso único Mestre e Senhor, Jesus Cristo, a quem seja dada a glória agora e para sempre. Amém.

"De onde, senão do céu, poderiam os homens não qualificados nas artes,
Nascidos em vários tempos, em várias partes,
Tecer essas verdades concordantes? Ou como ou porque
Todos deveriam conspirar para nos enganar com uma mentira?
Não perguntado suas dores, ingrato seus conselhos,
Morrendo de fome por seu ganho e o martírio por seu preço.
Então, pelo estilo, majestoso e divino!
Ele fala nada menos do que Deus em cada linha;
Palavras de comando cuja força ainda é a mesma;
Como a primeira autorização que produziu nosso quadro."
(Dryden)

3

CAPÍTULO DOIS: O NOVO NASCIMENTO

"Não se surpreenda pelo fato de eu ter dito: É necessário que vocês nasçam de novo" (João 3:7).

"Quem está unido com Cristo é uma nova pessoa; acabou-se o que era velho, e já chegou o que é novo" (2 Cor.5:17).

Todos os verdadeiros cristãos nasceram de Deus, e porque eles nasceram de Deus, agora são filhos de Deus. É impossível se tornar um filho de Deus, exceto ao nascer de Deus. Uma pessoa que já nasceu de Deus não pode deixar de ser um filho de Deus, embora possa falhar em glorificar a Deus como deveria. Este novo nascimento, de que o Senhor falou em João 3, ocorre pelo poder do Espírito de Deus, no coração de todo aquele que crê na Palavra de Deus a respeito do Filho de Deus. Assim nascem da água e do Espírito". Que a água não é literalmente água fica claro nas Escrituras em Efésios 5:25-26: "Cristo também amou a Igreja - tendo-a purificado através da *lavagem da água com a Palavra*."

Muito maravilhosa é a experiência de uma pessoa que nasceu de Deus quando ele se torna um filho de Deus pela fé em Jesus Cristo (João 1:12). Apenas a fé pessoal em Cristo e em Sua obra produzem uma poderosa mudança que traz um pecador das trevas para a luz, e do poder de Satanás a Deus (Atos 26:18). Percebendo que somos pecadores perdidos e a caminho do inferno, olhamos pela fé para a cruz, e vemos o Salvador levando nossos pecados em Seu próprio corpo na cruz.

Olhando para a cruz pela fé, o crente nasce de novo. O Filho de Deus, o Príncipe da vida, deu a vida por nós, o Justo sofrendo pelos injustos para que pudesse nos levar a Deus. Não só Ele morreu por nossas ofensas, mas Ele foi ressuscitado para nossa justificação (Rom.4:25). O cristão pode cantar: "Minhas correntes estão quebradas, As cadeias do pecado estão quebradas, e eu estou livre."

A fé pessoal no Filho de Deus é necessária para a mudança. Desta forma, e somente assim, uma é pessoa nascida de Deus. Nenhuma quantidade de fazer o bem pode valer; todos nós somos pecadores, pois Deus declarou: "Não há um justo, não há um se quer" (Rom.3:10). Não até que percebamos que estamos perecendo, e olhemos pela fé para o grande Portador do pecado. Mesmo que nossos pais fossem cristãos, isso de forma alguma nos torna cristãos; Apesar de eles poderem nos instruir nas Escrituras que são capazes de nos fazer "Sábio para a salvação pela fé em Cristo Jesus" (2 Tim.3:15).

CAPÍTULO DOIS: O NOVO NASCIMENTO

Só no momento em que "Pela fé o vemos na cruz, ouvimos Seu sussurro, 'Foi por você - ", só então nascemos de novo. Nem o batismo, nem a aspersão, nem confirmação, podem servir para nos tornar filhos de Deus. Devemos afirmar que a fé - fé pessoal no Filho de Deus - é necessária para o novo nascimento. Desta forma uma pessoa é nascida de Deus. Que mude de filho da ira para filho de Deus; da escuridão à luz; e do poder de Satanás a Deus. "Em Cristo - uma nova criatura "; as coisas velhas já passaram; esse é o Cristão. Não admira que ele cante:

> "Eu confio em Seu mérito,
> Não conheço posição mais segura,
> Nem mesmo onde habita a glória,
> Na terra de Immanuel."

A Bíblia se torna um novo livro para ele; nele ele agora pode encontrar alimento espiritual, pois o novo homem dentro dele deve ser alimentado. As coisas que uma vez o emocionou: dança, jogo, leitura de romances e tudo que pertence à velha vida, ele agora não tem prazer. ele estava morto por suas transgressões e pecados (Efésios 2:1); agora ele é vivo para Deus em Cristo Jesus. A pulsação da vida divina está dentro dele. Como o crente vive pela fé nas promessas de Deus, ele torna-se participante da natureza divina (2 Pedro 1:4).

Então o cristão é a pessoa que sabe que já passou da morte para a vida, e quem sabe que venha bem ou mal aqui, ele está indo para o céu, e está em paz com a sua alma. Enquanto outros pensam e esperam - ele sabe, pois ele é o possuidor da vida eterna. Agora ele está ligado a Cristo pela união eterna. A descrição desta vida, a caminhada e o trabalho do cristão, será o assunto dos capítulos seguintes.

> "E pode ser, que eu deveria ganhar
> Um interesse no sangue do Salvador?
> Ele morreu por mim, quem Lhe causou dor?
> Para mim, que Ele perseguiu até a morte?
> Amor incrível! Como pode ser
> Que Tu, meu Senhor, deves morrer por mim! "

4

CAPÍTULO TRÊS: NOSSA TRÍPLICE SALVAÇÃO

"Fostes salvos pela graça, por meio da fé; e isso não vem de vós; é dom de Deus" (Ef.2:8).

"Operai a vossa própria salvação com temor e tremor" (Fp.2:12).

"Agora a salvação está mais perto de nós do que quando primeiro cremos" (Rom.13:11).

É evidente que essas três escrituras tratam da salvação em diferentes aspectos, pois o cristão é uma pessoa que foi salva, quem está sendo salvo e que ainda será salvo. Esta salvação tripla tem sido mencionada como a salvação da penalidade, do poder e da presença do pecado. Devemos ter o cuidado de distinguir entre os três aspectos, se quisermos entender o significado das Escrituras. Devemos considerá-los separadamente.

SALVAÇÃO DA PENA DE PECADO

"Fostes salvos pela graça, por meio da fé." O cristão é um pessoa salva. Uma paz profunda enche seu coração; seu pecado foi expiado e perdoado. O cristão é salvo da terrível condenação do pecador não perdoado (Apocalipse 21:8). Ele sabe que seus pecados estão perdoados por causa de Cristo. Ele sabe também que tem vida eterna, e que ele nunca perecerá. Sua certeza da vida eterna é baseada na Palavra de Deus (João 10:28), e pela Certeza do Espírito de Deus dentro dele (Rom.8:16). O cristão é salvo pela graça não por causa de sua própria bondade, mas simplesmente pela benignidade imerecida de Deus. Oh, que maravilha! Ele sente que "mesmo a eternidade é muito curta, Para proferir todo o louvor de Deus." Seu coração transborda em agradecimento a Deus.

Enquanto milhões de almas rejeitam a graça de Deus; ou não conhecem o caminho de Deus e se esforçam para alcançar o céu por meio de suas boas obras ou por seus sofrimentos; o cristão sabe que se não fosse pela.

Graça divina, ele teria morrido. O cristão é salvo pela graça através da fé. A palavra de Cristo veio a ele - a mensagem de amor redentor; e pela fé na obra acabada de Cristo, ele foi salvo. Assim, então, é a salvação da pena do pecado; foi pela graça, pela fé. Agora ele pode cantar:

"Eu vi a Cruz de Jesus,
Olho para o Crucificado;
E meu coração está conquistado para sempre,
Estou salvo e satisfeito."

Muitas pessoas tementes a Deus têm medo de acreditar ou de dizer que são salvos, e que talvez não estejam entre os eleitos de Deus. As Escrituras em Romanos 8:29 e 1 Pedro 1: 1,2 mostram claramente que a eleição de Deus para a salvação é baseada em Sua presciência. Nos conhecendo antes dos tempos eternos, Ele nos escolheu em Cristo. No devido tempo, nós que eramos conhecidos e eleitos de Deus, ouvimos a mensagem e cremos (Atos 13:48). A salvação é gratuita para todos, pois a vontade de Deus é que todos os homens sejam salvos e cheguem ao conhecimento da verdade (1 Timóteo 2:4). Ninguém precisa temer de não estar entre os Eleitos de Deus, se eles acreditarem de coração que Cristo morreu por seus pecados e ressuscitou (Romanos 10:9).

SALVAÇÃO DO PODER DE PECADO

"Ponham em ação a salvação de vocês com temor e tremor, pois é Deus quem efetua em vocês tanto o querer quanto o realizar, de acordo com a boa vontade dele"(Fp.2:12,13). Embora o cristão seja uma pessoa que foi salva para sempre da pena do pecado, ele logo descobre que precisa de uma salvação diaria. Embora ele tenha dentro de si uma nova natureza, ele aprende que sua velha natureza também está com ele, e ele deve ser salvo de suas luxúrias e desejos. "Se dissermos que não temos pecado", diz o apóstolo João, "enganamos a nós mesmos, e a verdade não está em nós" (João 1:8). O cristão precisa da salvação do poder do pecado dia após dia. É a essa salvação que a escritura em Filipenses se refere. "Trabalhe em sua própria salvação." Companheiro cristão, aqui está o teste de nossa comunhão com Cristo. "Aquele que diz que permanece Nele ele mesmo também deve andar como Ele andou" (1 João 2:6).

Nós fomos salvos da pena do pecado, mas estamos sendo salvos de seu poder? O pecado está tendo domínio sobre nós? Aqui está o nosso conflito, mas não precisamos cair, pois Deus está trabalhando em nós, tanto para querer e realizar, de acordo com a boa vontade dele. Lembre-se de que temos, na presença de Deus, um advogado – Jesus Cristo, o Justo (1 João 2:1); Aquele que intercede por nós com Seu poder divino. No entanto, não vamos presumir ou ser descuidados, pois alguns homens poderosos caíram. Odiemos o pecado e odiemos as vestes manchadas pela carne (Judas v.23). Muitos crentes são dominados por causa de algum rancor contra outro que é mantido vivo em seus corações. Isso é pecado. Outros não conseguem viver em vitória por causa de uma fraqueza ou de um desejo errado que é semeado. Se confessarmos isso como pecado, buscando perdão e purificação pelo sangue de Jesus (1 João 1:7-9) e então nos entregarmos e entregarmos nossos membros a Deus (Rom.6:13), conheceremos o poder do Espírito Santo, e a doçura do amor de Cristo em nossas vidas. Sejamos diligentes em desenvolver nossa própria salvação com temor e tremor.

É afirmado no capítulo sobre o novo nascimento, e novamente neste capítulo, que uma pessoa que realmente nasceu de novo nunca pode ser Perdida e perder a vida eterna que foi dada como um dom gratuito (Rom.6:23). As Escrituras que deixam isso claro para nós são João 10:27-29 e 1 Coríntios 3:13-15. O leitor deve ponderar sobre isso com cuidado. Alguns acreditam que Hebreus 6:4-8 e 10:26-31 mostram que um o crente pode cair e perecer. Mas essas porções da Palavra mostram, em vez disso, que um crente que volta atrás, pode nunca ser restaurado novamente ao serviço de Deus, e pode de fato estar sob o presente julgamento de Deus. Existe um julgamento presente de Deus em nossas vidas e serviço aqui, bem como o julgamento final de nosso serviço no Tribunal de Cristo. Então, lemos, "O Senhor julgará Seu povo. Terrível coisa é cair nas mãos do Deus vivo!"(Heb.10:30,31). Vamos exercitar nossa própria salvação com temor e tremor.

SALVAÇÃO DA PRESENÇA DE PECADO

Quando isso acontecerá? Isso acontecerá na vinda do Senhor Jesus Cristo dos céus para todos aqueles que acreditam nele (1 Ts.4:13-18). A respeito disso, espero escrever mais detalhadamente em um capítulo posterior. Esse dia glorioso está se aproximando. "Agora a salvação está mais perto de nós do que quando cremos."

> "Como devo encontrar esses olhos?
> Os meus nEle eu lançarei,
> E reconheço o prêmio do Salvador;
> Misericórdia do primeiro ao último."

Companheiro cristão, certamente o pensamento desse dia deveria nos fazer desejar viver mais como Ele: amar a justiça; para fazer Sua vontade mais perfeitamente do que até agora. Podemos algum dia perder a vida que recebemos como um presente gratuito? Nunca! Nós fomos salvos da penalidade do pecado, pela graça por meio da fé, à parte das obras. Agora e todos os dias precisamos saber do poder da salvação do pecado, pela obediência à Palavra de Deus; e logo, muito em breve, nós conheceremos a salvação da presença do pecado na vinda do Mestre.

VÓS QUE SÃO CRISTO

"Ó Cristo, Tu Cordeiro celestial,
Alegria do coração do Pai,
Agora deixe Teu amor minha alma inflamar
Um novo poder me conceda.
Poder para sentir o teu amor,
E todas as suas profundezas para saber:
Poder para consertar o coração acima,
E morrer para todo lá embaixo.
Poder para vigiar e orar,
'Senhor Jesus, venha depressa';
Poder para saudar o dia feliz,
Destinada a me levar para casa."

5

CAPÍTULO QUATRO: BATISMO

O batismo é referido nas Escrituras do Novo Testamento em quatro maneiras diferentes e, resumidamente, gostaria de considerá-las separadamente:

1. O batismo de João (Marcos 1:4).
2. O batismo de Cristo na Cruz (Lc.12:50).
3. O batismo do crente no Espírito entrando no Corpo de Cristo (1 Cor.12:13).
4. O batismo do crente na água (Atos 10:47,48).

O BATISMO DE JOÃO

Este batismo estava relacionado com a vinda do Messias para Israel. É bom notar que foi associado ao arrependimento e remissão de pecados. Quando o Messias foi rejeitado e finalmente crucificado, a mensagem para Israel, nacionalmente, cessou nesta dispensação. Em Atos 18:24-28 lemos sobre Apolo, um homem poderoso nas Escrituras, mas conhecendo apenas o batismo de João. Quando Priscila e Áquila o ouviram, no entanto, expuseram para ele o caminho de Deus com mais cuidado. O batismo de Joao tinha sido substituído. Apolo é um exemplo de homem com um coração bom e honesto. Embora poderoso nas Escrituras, ainda assim ele está disposto a aprender com discípulos que eram menos talentosos do que ele. Quantos cristãos existem cujo progresso é atrofiado, porque eles não avançam mais na verdade do que seus pais, embora Deus tenha mostrado mais luz de Sua Palavra a ele.

Em Atos 19:1-7 encontramos doze discípulos que foram batizados no batismo de João, mas ao ouvir a palavra do Senhor, foram batizado em nome do Senhor Jesus. O batismo do crente na água hoje não visa a remissão de pecados; tem um significado diferente.

O BATISMO DE CRISTO

Quão solenes são estas palavras do Senhor: "tenho que passar por um batismo, e como estou angustiado até que ele se realize!" (Lc.12:50). Foi então que as profundas águas do julgamento divino sobre o pecado varreu sua alma. Companheiro crente no Senhor Jesus Cristo, vamos ponderar bem estas palavras do Salvador, e o que significou para Ele que Ele poderia nos salvar. Não deveria Sua reivindicação sobre nosso amor e obediência ser a primeira coisa em nossas vidas? nós devemos ter pouca dificuldade em aprender a Sua vontade ou em cumpri-la, se tivermos uma apreciação correta de tudo o que Ele passou, quando Deus fez de Sua alma uma oferta pelo pecado (Is.53:10).

Em Romanos 6:3 e Gálatas 3:27, o crente é visto como batizado em Cristo. Ele está unido a Cristo em Sua morte, e porque disso, ele deve ser sepultado com Ele no batismo. quão errado portanto, é o batismo ou a aspersão de crianças, ou o batismo de incrédulos!

BATISMO NO ESPÍRITO

"Em um Espírito fomos todos batizados em um corpo... e todos foram feitos para beber do mesmo Espírito" (1 Cor.12:13).

Cada crente no Senhor Jesus Cristo foi batizado no Espírito de Deus. Isso é feito pelo próprio Senhor quando acreditamos nEle (Mc.1:8). O batismo do Espírito Santo ocorre apenas uma vez, e por meio desse ato o crente se torna um membro do Corpo de Cristo. Não é correto dizer que um crente deveria orar ou esperar pelo batismo do Espírito Santo, cada crente é batizado no Corpo (ou seja, a Igreja que é o Corpo de Cristo). Isso aconteceu quando nascemos de novo. o crente deve, entretanto, buscar a plenitude do Espírito Santo em sua vida (Efésios 5:18).

O batismo no Espírito não trata do nosso serviço para Cristo, mas com nossa posição em Cristo. Se virmos claramente que éramos batizados no Espírito Santo quando fomos salvos, e que somos agora membros de Cristo, então devemos apreciar mais plenamente que nós nunca podemos perecer. A Igreja que é o Corpo de Cristo é composta por todos os crentes, de todas as terras, desde o dia de Pentecostes (Atos 2) até a volta do Senhor Jesus Cristo dos céus para os Seus. Iremos lidar com esta verdade de forma mais completa em nosso próximo capítulo. Enquanto isso, devemos deixar claro que todo crente, que nasceu de novo pela fé em Jesus Cristo, foi batizado no Espírito de Deus.

O BATISMO DO CRENTE NA ÁGUA

"'Pode alguém negar a água, impedindo que estes sejam batizados? Eles receberam o Espírito Santo como nós!" (Atos 10:47).

Apesar desta pergunta simples e da ordem do apóstolo Pedro, alguns proíbem a água, e alguns dizem: "Não é necessário." O crente que tem um coração honesto e bom, e que faz da Palavra de Deus, seu guia, não terá dificuldade em relação ao batismo; nem ele demorará a tomar este primeiro passo de obediência. Ele vai não ser influenciado pela prática de diferentes denominações. Ele perceberá que, a menos que a doutrina seja sustentada pela Palavra de Deus, isto é apenas um dos preceitos dos homens e, como tal, não tem autoridade.

"Ide, portanto, e fazei discípulos de todas as nações, batizando-os em nome do Pai e do Filho e do Espírito Santo" (Mat.28:19).

"Aqueles então que receberam Sua palavra foram batizados" (Atos 2:41).

"Quando eles acreditaram que Filipe pregava boas novas sobre o reino de Deus e o nome de Jesus Cristo, eles foram batizados, homens e mulheres" (Atos 8:12).

"Ele ordenou que fossem batizados em nome de Jesus Cristo" (Atos 10:48).

"Muitas pessoas da cidade de Corinto ouviram a mensagem, creram e foram batizadas." (Atos 18:8).

CAPÍTULO QUATRO: BATISMO

"Portanto, fomos sepultados com ele na morte por meio do batismo, a fim de que, assim como Cristo foi ressuscitado dos mortos mediante a glória do Pai, também nós vivamos uma vida nova"(Rom.6:4).

"quando vocês foram sepultados com ele no batismo e com ele foram ressuscitados mediante a fé no poder de Deus que o ressuscitou dentre os mortos" (Colossenses 2:12).

"e isso é representado pelo batismo que agora também salva vocês—não a remoção da sujeira do corpo, mas o compromisso de uma boa consciência diante de Deus—por meio da ressurreição de Jesus Cristo" (1 Ped.3:21).

Pode alguém com um coração bom e honesto ler essas escrituras e ter dúvidas quanto ao significado e prática do batismo? Os crentes, e somente os crentes, foram batizados. Tais foram mergulhados, pois só o mergulho pode ser uma figura de sepultamento e ressurreição. Qualquer coisa diferente disso, é apenas de acordo com os preceitos dos homens, e disso os discípulo do Senhor Jesus Cristo devem se virar. Ele deve se virar, mas não precisam andar sozinho - ele vai andar na companhia daqueles que obedecem ao Senhor.

> "Sepultado para Cristo na água,
> Em Seu túmulo vemos a nós mesmos;
> Enterrado assim, nossa velha vida acabou,
> Ressureto para viver uma vida nova."

6

CAPÍTULO CINCO: A IGREJA QUE É O CORPO DE CRISTO

"Eu edificarei a Minha Igreja; e os portões de Hades não prevaleceram contra ela" (Mat.16:18).

"Cristo é o cabeça da igreja, que é o seu corpo, do qual ele é o Salvador."(Efésios 5:23).

"Cristo amou a igreja e entregou-se por ela" (Efésios 5:25).

A palavra "igreja" nas Escrituras significa "grupo de pessoas chamadas para fora." Nunca se refere ao edificio em que essas pessoas se encontram, mas sempre para as pessoas que são chamadas e convocadas. Encontramos nas Escrituras as seguintes expressões.

1. A igreja, que é o Corpo de Cristo (Ef.1:22,23).
2. A igreja de Deus, as igrejas de Deus (1 Cor.1:2;11:16).
3. A igreja do Deus vivo, a casa de Deus (1 Tim.3:15).
4. As igrejas de Cristo; as igrejas dos santos; a igreja em casa

CAPÍTULO CINCO: A IGREJA QUE É O CORPO DE CRISTO

(Rom.16:5,16; 1 Cor.14:33).
5. A igreja dos primogênitos (Heb.12:23).

Neste capítulo, desejo considerar apenas a primeira dessas expressões. Quando vemos a diferença entre a Igreja que é o Corpo de Cristo, e a Igreja e Igrejas de Deus, O Novo Testamento se torna muito mais claro para nós.

Vimos que o significado da palavra "igreja" é o de um grupo de pessoas convocadas para fora. O lugar em que a palavra é usada mostra a que grupo de pessoas se refere. Para que grupo, então, Cristo se referiu quando disse: "Minha Igreja", e de que grupo ele é o cabeça? É a Igreja que é o Corpo de Cristo. É Dele que cada membro é sustentado individualmento, somos membros de Seu Corpo (Ef.5:30). Dele todo o corpo é devidamente emoldurado e unido (Ef.4:16).

Quem, então, são os membros de Seu Corpo? Todos que foram salvo, ou nascido de novo, através da fé em Seu Nome (João 1:12,13). O pertencimento ao Corpo não depende do batismo na água, mas do batismo no Espírito (1 Coríntios 12:13). "Se alguém não tem o Espírito de Cristo, não pertence a Cristo"(Rom.8:9). Desde o dia de Pentecostes, o dia em que os discípulos foram primeiro batizado no Espírito Santo, para a vinda do Senhor Jesus Cristo dos céus para os Seus, a Igreja está sendo construída.

Esta é a Igreja que Ele ainda apresentará a Si mesmo sem mancha nem ruga ou coisa semelhante, mas santa e inculpável (Ef.5:27). Muitos dos membros estão com Cristo (Filipenses 1:23). Tendo morrido, eles estão despidos (2 Cor.5:4), e aguardam o dia em que serão vestidos com sua habitação que é do céu (2 Cor.5:2). Os membros que estão vivos são encontrados em todas as terras, e também em muitas denominações diferentes, embora o Senhor gostaria que fossem um, em uma unidade visível, assim como eles estão em um Corpo (Ef.4:1-6).

Eu espero que esteja claro que a Igreja que Cristo denominada "Minha Igreja" não são as pessoas que frequentam a igreja, nem são aqueles que são batizados apenas na água; mas são aqueles cujos nomes são escritos no céu (Lucas 10:20), aqueles que foram batizado no Espírito em um só Corpo. Estes, e apenas estes, formam a Igreja que é o Corpo de Cristo. É muito errado falar da Igreja como se fosse composta por todos os que são frequentadores da igreja. Na verdade, muitos deles não têm certeza da salvação, nem mostram que têm vida do alto. Nós não escrevemos depreciativamente, mas devemos ser claros neste ponto.

Para os membros do Corpo, a Cabeça ressuscitada deu muitos frutos. No início, alguns eram apóstolos e alguns profetas, e alguns eram evangelistas e alguns pastores e professores, para a edificação do Corpo, a Igreja. Talvez seja desnecessário acrescentar que não há apóstolos e profetas hoje. Apóstolos eram homens que viram o Senhor pessoalmente (1 Cor.9:1), e profetas eram homens que deram mensagens originais de Deus. Evangelistas, pastores (ou seja, lideres) e professores existem hoje, para o mesmo propósito do início, para a construção do Corpo de Cristo; para que, mantendo a verdade no amor, todos nós possamos crescer Nele, que é a Cabeça, Cristo (Efésios 4:11-15).

Como é importante, companheiro cristão, que mantenhamos a

verdade, e que a mantenhamos em amor. Devemos estar ligados na comunhão da igreja com os incrédulos, com aqueles que não conhecem a Cristo, com aqueles que não têm o Espírito? Certamente não! Visto que os crentes estão unidos em um só Corpo, podemos apreciar mais plenamente a realidade da segurança eterna do crente. Um crente não pode estar perdido novamente, embora ele possa falhar em engrandecer a Cristo como deveria. Ele foi selado até o dia da redenção (Ef.4:30).

Que dia glorioso será quando os incontáveis números do Redentor, os membros do Corpo, a Igreja, seram apresentados sem mancha ou ruga a Cristo, tendo sido santificados (separado) e purificado, não com água literal, mas pela lavagem da água com a Palavra (Efésios 5:26). Tendo ouvido a palavra de Cristo eles acreditaram e passaram da morte para a vida (João 5:24). Certamente, o pensamento daquele dia deve nos fazer desejar crescer em todas as coisas Nele. Porque estamos "em Cristo" e Ele está em nós "a esperança da glória (Colossenses 1:27).

> Eu não conheço nenhuma vida dividida,
> Ó Senhor da vida, de Ti;
> Em ti a vida é fornecida
> Por todos os Teus santos e por mim.
> Eu não conheço a morte, Senhor Jesus,
> Porque eu vivo em Ti;
> É a tua morte que nos liberta
> Da morte eternamente. "

7

CAPÍTULO SEIS: A IGREJA E AS IGREJAS DE DEUS

No capítulo anterior, consideramos com alguns detalhes a Igreja que é o Corpo de Cristo. Nisto nós devemos procurar aprender nas Escrituras o significado da expressão "a igreja de Deus." Muitos crentes falam da igreja de Deus como se fosse composto de todos os crentes em todo o mundo. Outros confundem isso com a Igreja que é o Corpo de Cristo. Estes, no entanto, são vitalmente diferentes, como vemos claramente quando lemos as escrituras a respeito disso.

A igreja de Deus é mencionada oito vezes nas Escrituras, e em cada ocasião é evidente que a assembleia local de crentes é mencionada. As igrejas de Deus são referidas três vezes. O fato de haver muitas igrejas de Deus é um diferença marcante da Igreja que é o Corpo de Cristo, do qual lemos que há "um só corpo" (Ef.4:4). Vamos ler as escrituras sobre as igrejas de Deus:

"Cuidem de vocês mesmos, e de todo o rebanho, em o qual o Espírito Santo fez de vocês bispos (ou lideres), para alimentar

CAPÍTULO SEIS: A IGREJA E AS IGREJAS DE DEUS

a igreja de Deus, que Ele comprou com o seu próprio sangue" (Atos 20:28).

Aqui, Paulo está falando aos presbíteros da Igreja em Éfeso. Esses homens foram chamados para alimentar a igreja de Deus. Obviamente, sua responsabilidade era local, e a igreja aqui era a igreja em Éfeso.

"Paulo ... à igreja de Deus que está em Corinto" (1 Cor.1: 1,2).

Aqui é óbvio para que grupo local de crentes se é referido. Paulo escreve sobre aqueles "dentro" e sobre aqueles que estão "fora" (1 Cor.5:12,13), e de um homem que deve ser repudiado por causa do pecado. Embora ele tenha sido afastado da igreja de Deus em Corinto (e depois recebido de volta), ele não foi, no entanto, posto para fora da Igreja que é o Corpo de Cristo.

"Não dê motivo para tropeçar, nem para os judeus, nem para Gregos, ou para a igreja de Deus" (1 Cor.10:32).

A igreja aqui é a mesma da referência anterior, ou seja, a assembleia local de discípulos em Corinto.

"Será que vocês não têm casa onde comer e beber? Ou desprezam a igreja de Deus e humilham os que nada têm?" (1 Cor.11:22).

Paulo está aqui se referindo à conduta errada de alguns dos crentes quando a igreja foi reunida para a ceia do Senhor Jesus Cristo. Aqui, novamente, se refere a uma assembleia local.

"Eu sou o menor dos apóstolos, que não sou digno de ser

chamado de apóstolo, porque persegui a igreja de Deus" (1 Cor.15:9).

"Eu perseguia com violência a igreja de Deus, procurando destruí-la" (Gal.1:13).

Em Atos 8:1, aprendemos que a igreja que Paulo perseguia era a igreja em Jerusalém. Ou seja, os crentes que estavam juntos de Deus. Esses, Paulo chama de igreja de Deus.

"Se um homem não sabe como governar sua própria casa, como ele pode cuidar da igreja de Deus?" (1 Tim.3:5).

Em cada igreja, os presbíteros foram nomeados para cuidar dos crentes (Atos 14:23). Nenhum homem está preparado para cuidar dos crentes em uma igreja de Deus, a menos que ele possa governar bem sua própria casa. É evidente que a igreja de Deus aqui é a assembleia local, pois nenhum homem pode cuidar dos crentes, a menos que eles se juntem e se encontrem juntos em um só lugar.

Agora fica claro, a partir da consideração dessas escrituras, que a igreja de Deus é um grupo local de crentes que estão juntos em uma cidade; assim, lemos sobre a igreja de Deus em Corinto. Isto é verdade que aqueles que faziam parte da igreja de Deus em Corinto também eram membros do Corpo de Cristo, e assim Paulo escreveu, "Vós sois (o) corpo de Cristo" (1 Coríntios 12:27); ou mais corretamente, "Vós sois corpo de Cristo". Eles tinham essa caracteristica. Individualmente eles faziam parte desse grande grupo de crentes que formam a Igreja que consideramos em nosso último capítulo.

CAPÍTULO SEIS: A IGREJA E AS IGREJAS DE DEUS

Devemos observar cuidadosamente que ser um membro do Corpo de Cristo não é o mesmo que ser um discípulo em uma igreja de Deus. a igreja de Deus em uma cidade é composta por discípulos, ou seja, aqueles que são aprendizes e seguidores, aqueles que são obedientes a palavra do Senhor. Por causa do pecado, uma pessoa pode ser afastada da igreja de Deus (1 Cor.5:13; Tito 3:10); mas nenhum crente pode ser afastado da Igreja que é o Corpo de Cristo. Para a igreja de Deus em qualquer cidade, um discípulo deve ser adicionado após ser batizado nas águas (Atos 2:41,42), mas na Igreja que é o Corpo de Cristo, só o Senhor batiza no Espírito Santo aqueles que acreditam nele.

Se o leitor der muita atenção a esses pontos, muitas dificuldades em relação à unidade e desunião dos cristãos irão ser exclarecidos em sua mente, e o propósito maravilhoso de Deus para um testemunho de unidade dos crentes se tornará evidente. Nisto, como em todas as partes da verdade de Deus, é essencial um coração bom e honesto para uma compreensão clara da vontade de Deus.

Agora, vamos considerar a questão de O que é a igreja de Deus em uma cidade, e quem a compõe? A igreja de Deus em uma cidade é aquele grupo de discípulos reunidos por Deus. É "de Deus". A primeira igreja de Deus foi a igreja em Jerusalém; a igreja que Saulo de Tarso perseguiu. De quem foi composto? Foi composto primeiro por um grupo de discípulos fiéis em cerca de cento e vinte (Atos 1:15), que o Senhor deixou quando subiu aos céus. A este grupo foram acrescentados cerca de três mil no dia de Pentecostes. Observe cuidadosamente, por favor, os passos divinamente indicados de estarem juntos como igreja de Deus em Jerusalém (Atos 2:41,42):

1. Eles receberam a palavra.
2. Eles foram batizados nas águas.
3. Eles foram adicionados aos que já estavam juntos.

Quando eles foram somados, formando a igreja de Deus em Jerusalém, eles continuaram firmemente em:

1. O ensino dos apóstolos.
2. A comunhão.
3. O partir do pão, ou seja, a lembrança do Senhor Jesus Cristo na ceia do Senhor.
4. As orações, ou seja, as orações em conjunto da assembleia.

Como foi no início, assim deve ser hoje. Se quisermos saber o privilégio de estar juntos em igrejas de Deus, então devemos fazer como eles fizeram. Observe o que está escrito em Atos 2:47: "O Senhor acrescentou a eles dia a dia aqueles que estavam sendo salvos." O trabalho do Senhor, que começou em Jerusalém, se espalhou até Roma, e muitas igrejas de Deus foram plantadas. Considere as seguintes escrituras:

"se alguém quiser fazer polêmica a esse respeito, nós não temos esse costume nem as igrejas de Deus"(1 Cor.11:16).

"Porque vocês, irmãos, tornaram-se imitadores das igrejas de Deus em Cristo Jesus que estão na Judeia" (1 Ts.2:14).

"Por esta causa nós nos gloriamos em vocês entre as igrejas de Deus pela perseverança e fé demonstrada por vocês em todas as perseguições e tribulações que estão suportando" (2 Ts.1:4).

CAPÍTULO SEIS: A IGREJA E AS IGREJAS DE DEUS

É muito evidente que a igreja de Deus em uma cidade é uma, e está ligada a todas as outras igrejas de Deus, onde quer que ela esteja. Eles eram um na doutrina e na prática, porque todos eram sujeito à doutrina dos apóstolos, que era a doutrina do Senhor (Atos 16:4,5).

Muitos crentes veem que este é o padrão das igrejas do Novo Testamento, e anseiam por tal unidade divina hoje, no entanto, eles não podem ver como isso é possível agora. As perguntas deles são: Bem, podemos ver o que está estabelecido nas Escrituras, mas como pode ser praticado hoje, quando os crentes estão espalhados em muitas denominações? Não seria presunção assumir o nome da igreja e igrejas de Deus, quando tantos são fora de tal comunhão? As perguntas são razoáveis e as respostas são simples. Nunca é presunção permanecer sobre Palavra de Deus: é a fé que o faz. A presunção se atreve a afirmar quando não tem nenhuma palavra de Deus.

Deixe-nos responder às perguntas feitas. Experimente os ensinamentos de cada denominação: teste-os pela Palavra de Deus, e se eles não se encaixam no padrão da primeira igreja de Deus e das igrejas de Deus que se unem a ele, então essas denominações não são igrejas de Deus. Alguma das seguintes práticas foram encontradas em as igrejas de Deus no início:

1. Houve aspersão ou batismo de crianças? Não! Apenas os crentes foram batizados (Atos 18:8).
2. Houve ministério de um só homem para os clérigos? Não! Todos estavam livres para participar, guiados pelo Espírito de Deus (1 Cor.14:31).
3. Algum deles recebeu o título de "Reverendo"? Não! Este

título é usado a respeito do nome de Deus no Salmo 111:9.
4. As mulheres pregavam ou ensinavam na igreja? Não! De acordo com o mandamento do Senhor, o as mulheres ficaram em silêncio (1 Cor.14:34,35; 1 Tim.2:8-12).
5. Alguém comungou ao partir do pão e que não foi salvo ou não foi batizado? Não! Todos tinham sido previamente salvo, batizado e adicionado a Igreja. (Atos 2:41,42).

Muitas perguntas semelhantes podem ser feitas. O leitor deve refletir sobre essas coisas por si mesmo e comparar a prática atual com a o ensino dos apóstolos e a prática das primeiras igrejas de Deus. Outra questão pode surgir na mente do leitor ao considerar essas coisas e reconhecer a verdade. Mas é possivel encontrar algo hoje que corresponda ao padrão das igrejas de Deus no passado? Só será possível se Deus tiver sido trabalhando hoje como Ele trabalhou no passado. Só Deus pode trazer os crentes juntos nas igrejas de Deus. Ele fez isso? Sim, companheiros cristãos, Deus fez isso, e hoje de acordo com o padrão divino, existem igrejas de Deus unidas em uma Comunidade onde:

1. Todos são discípulos do Senhor Jesus Cristo, tendo sido batizado em água.
2. Todos foram adicionados: isto é, onde a comunhão ocasional é desconhecida.
3. A doutrina dos apóstolos encontra seu lugar, e onde os discípulos são encontrados continuando na comunhão, o partir do pão e as orações.

Como então essas igrejas de Deus se uniram, o leitor pode perguntar. Quando essa verdade foi revelada? Para entender

CAPÍTULO SEIS: A IGREJA E AS IGREJAS DE DEUS

isso nós precisamos voltar e rastrear a recuperação da verdade de Deus sobre muitos anos. Dos dias da Reforma em diante, Deus revelou a verdade da justificação pela fé somente em Cristo. Mais tarde, a verdade do batismo dos crentes, e o erro do clérigo (ou ministério de um só homem), pois "Pois vocês todos podem profetizar, cada um por sua vez, de forma que todos sejam instruídos e encorajados"(1 Cor.14:31). E também a verdade do partir do pão no primeiro dia da semana (Atos 20:7). Mais tarde ainda a diferença entre a Igreja que é o Corpo de Cristo, e da igreja e igrejas de Deus. Deus mostrou a verdade de uma unidade visível dos crentes nas igrejas de Deus.

> "É precioso também, ó Deus,
> Seu olho deve olhar
> Teus filhos espalhados aqui
> Unidos em um.
> Senhor, que Tua palavra seja para sempre
> Nosso guia para a unidade perfeita."

8

CAPÍTULO SETE: A CASA DE DEUS

"saiba como as pessoas devem comportar-se na casa de Deus, que é a igreja do Deus vivo, coluna e fundamento da verdade" (1 Tim.3:15).

"mas Cristo é fiel como Filho sobre a casa de Deus; e essa casa somos nós, se é que nos apegamos firmemente à confiança e à esperança da qual nos gloriamos" (Heb.3:6).

"vocês também estão sendo utilizados como pedras vivas na edificação de uma casa espiritual para serem sacerdócio santo, oferecendo sacrifícios espirituais aceitáveis a Deus, por meio de Jesus Cristo" (1 Pedro 2:5).

De todos os assuntos que estamos considerando, talvez este a respeito da casa de Deus, é o menos compreendido pelos cristãos. Qual é a casa de Deus hoje? A maioria, senão todos, estão cientes que Deus tinha uma morada entre o povo de Israel no deserto. Naquela época, Ele morava no Tabernáculo que tinha sido feito de acordo com Suas instruções (Ex.39:42,43). Ainda mais cedo,

CAPÍTULO SETE: A CASA DE DEUS

Jacó falou do lugar onde ele teve a visão como a casa de Deus, e por isso a chamou de Betel, casa de Deus (Gênesis 28:10-22). Mesmo que não houvesse nenhum prédio lá, foi a escolha de Deus, e lá Ele ergueu uma pedra como coluna e Deus ordenou a Jacó que voltasse e habitasse em Betel (Gen.35:1).

A casa de Deus deve ser construída no lugar da escolha de Deus. Em Deuteronômio 12:5, Moisés ordenou ao povo de Israel assim: "procurarão o local que o Senhor, o seu Deus, escolher dentre todas as tribos para ali pôr o seu Nome e sua habitação. Para lá vocês deverão ir." Quando o povo de Israel entrou na terra de Canaã, Deus escolheu Siló e ali o Tabernáculo foi erguido. Mais tarde, Ele rejeitou Siló e escolheu Jerusalém, e ali a casa de Deus foi construída (Salmo 78:67,68). Nisto há uma lição importante para os crentes hoje. Não é certo adorar e servir a Deus em todas as denominações. Devemos buscar o lugar onde é da vontade de Deus. Deus tem uma casa no Novo Testamento, uma casa espiritual, composta por pedras vivas, isto é, discípulos que são construídos juntos em igrejas de Deus (1 Ped.2:5). Todos os discípulos devem buscar este lugar.

Muitos anos atrás, Davi desejava construir uma casa para Deus (1 Chron.17:1), e embora ele não tivesse permissão para construí-lo, ele teve permissão para se preparar para isso, e ele recebeu de Deus, o modelo da casa que ele deu a Salomão, seu filho. No seu amor por Deus e pela casa de Deus, Davi deu cem mil talentos de ouro e um milhão de talentos de prata. Em sua *aflição* ele se preparou para a casa (1 Crônicas 22:14), e em sua *afeição* ele deu tudo de si (1 Crônicas 29:3). Que exemplo maravilhoso de um coração tocado por Deus. Seu amor por Deus causou sua afeição pela casa de Deus. O amor de Davi pela casa de Deus é maravilhosamente retratada nos Salmos:

"Sei que a bondade e a misericórdia me acompanharão todos os dias da minha vida, e habitarei na casa do Senhor enquanto eu viver" (Salmos 23:6).

"Eu amo, Senhor, o lugar da tua habitação, onde a tua glória habita" (Salmos 26:8).

"Uma coisa pedi ao Senhor e a procuro: que eu possa viver na casa do Senhor todos os dias da minha vida, para contemplar a bondade do Senhor e buscar sua orientação no seu templo" (Salmos 27:4).

A Salomão foi dado o privilégio de construir a casa de Deus, ainda assim ele percebeu que o céu e o céu dos céus, não podiam conter Deus, e muito menos a casa que ele tinha construído (2 Crônicas 6:18). Esta casa, embora tão magnífica, depois foi destruída por causa da partida de Israel do coração de Deus. A presença de Deus com Seu povo era, e é, condicional à sua obediência. Mais tarde, a casa de Deus foi reconstruída, e Deus teve prazer nisso, porque o coração do Seu povo tinha sido devolvido a ele. Era uma casa que não tinha a grandeza do templo de Salomão; foi um pequeno remanescente que construido, mas era a casa de Deus, a morada divina (Ag.1:8: Esdras 6:15-16).

Nos tempos do Antigo Testamento, a casa de Deus era uma casa material: seu altar era um altar material; e seus sacrifícios, sacrifícios materiais. A música instrumental fazia parte dos serviços da casa de Deus no passado. Em Hebreus 9, o serviço e o santuário da Antiga aliança é contrastado com o Novo. Lá, o

CAPÍTULO SETE: A CASA DE DEUS

santuário Antigo é chamado de "santuário deste mundo." Era uma sombra e cópia das coisas nos céus.

O estudante das Escrituras fará bem em parar e ponderar o contraste entre a Antiga e a Nova Aliança. Se quisermos entender a diferença entre a casa de Deus de antes e de agora, nós devemos perceber que o material deu lugar ao espiritual. Para esta razão não lemos no Novo Testamento sobre música instrumental, um altar material, ou de um edifício material. O discípulo do Senhor não fala de um edifício religioso como a casa de Deus, nem ele se curvará diante de um altar material; e também não vai pensar que Deus é louvado na assembléia pela música instrumental. O sacrifício de louvor é agora "o fruto dos lábios que fazem confissão ao Seu Nome" (Heb.13:15).

Devemos agora considerar as porções do Novo Testamento que falam da casa de Deus. Você notará que na primeira escritura citada (isto é, 1 Timóteo 3:15), a casa de Deus é chamada de igreja (ou assembléia) do Deus vivo, chamado de coluna e fundamento da verdade. A casa de Deus é composta de crentes que foram reunidos por Deus. Como o apóstolo Pedro escreveu, é composto de pedras vivas que são construídas uma casa espiritual. Assim como uma pilha de pedras não faz uma casa, eles foram construídos juntos, então vários cristãos não compõem a casa de Deus, a menos que tenham sido reunidos por Deus e construído de acordo com o padrão dado no Novo Testamento.

A casa de Deus é um lugar onde a verdade de Deus deve ser mantida; é "a coluna e base da verdade." Alguns cristãos podem concordar em se unir com base no fato de que são "todos um em Cristo Jesus", e deixando de lado todas as diferenças doutrinárias - e talvez desistindo do batismo e do partir do pão. Mas não pode ser o mesmo com aqueles que estão juntos de Deus. Eles devem defender a verdade de Deus. A casa de Deus é composta pelos santos de Deus que estão juntos, tendo sido reunidos por ele. "Essa casa somos nós", disse o escritor da epístola aos Hebreus, "se é que nos apegamos firmemente à confiança e à esperança da qual nos gloriamos." Assim como no Antigo Testamento, também no Novo; A presença de Deus entre Seu povo coletivamente é condicional.

Aqui será visto como sendo inteiramente assim, a condição sendo - "se nos apegarmos com firmeza", o que implica claramente que podemos deixar ir. Nós devemos nos apegar firmemente à confiança e à esperança da qual nos gloriamos, que é Cristo na presença de Deus para aqueles que estão na casa de Deus. Ele que é Filho e Grande Sacerdote sobre a casa de Deus (Heb.3:6; 10:21). Para alguns crentes, o ensino de que um número de discípulos juntos podem formar a casa de Deus pode parecer estranho. Mas é assim? Não fica evidente nas escrituras que citamos? Não vamos apelar para o pensamento predominante entre os professores Cristãos, mas com a palavra de Deus. Um coração honesto e bom é um que ouve a palavra de Deus e a mantém firme.

Para qualquer leitor que insista no valor da música instrumental, deve ser apontado que ele pesquisará o Novo Testamento em vão para qualquer referência ao seu uso no serviço de Deus. É o fruto dos lábios que Deus deseja entre Seu povo em Sua casa. O que o crente pode ter em sua própria casa é outra questão, mas nenhuma provisão é feita para música instrumental na casa de

Deus.

Em 1 Pedro 2:5, a casa de Deus é vista como composta de crentes, que são chamados de pedras vivas, sendo edificados a uma casa espiritual. Em Efésios 2:21,22, a casa de Deus é vista como composta de igrejas de Deus (a margem da Versão Revisada está correta): "Cada edifício, devidamente juntos, crescem em um templo sagrado no Senhor; no qual vós juntamente também sois edificados para a habitação de Deus no Espírito."

Este capítulo sobre a casa de Deus é apenas uma breve introdução ao assunto. Não tema, companheiro, de pesquisar as Escrituras e se a verdade de Deus deve separar você dos outros que não a seguem, você descobrirá que ela separou muitos outros, com quem você pode andar em comunhão.

"Conceda isso mais perfeitamente
Tua vontade seja expressa,
Que os santos reunidos possam mostrar
O caminho da verdade é o melhor.
Então, no meio dessa discórdia, os homens podem ver
Unidade divinamente ordenada."

9

CAPÍTULO OITO: O REINO DE DEUS

"(Jesus) Apareceu-lhes por um período de quarenta dias falando-lhes acerca do Reino de Deus"(Atos 1:3).

"... quando eles acreditaram que Filipe pregava boas novas a respeito do reino de Deus e do nome de Jesus Cristo, eles foram batizados, tanto homens quanto mulheres " (Atos 8:12).

"Por dois anos inteiros Paulo permaneceu na casa que havia alugado e recebia a todos os que iam vê-lo. Pregava o Reino de Deus e ensinava a respeito do Senhor Jesus Cristo, abertamente, sem impedimento algum"(Atos 28:30,31).

Do primeiro capítulo ao último de Atos dos Apóstolos, nós temos a história da promoção do reino de Deus. No capítulo um encontramos o Senhor Jesus aparecendo a Seus discípulos por um período de quarenta dias, e o tema de Seu ministério eram as coisas a respeito do reino de Deus. No último capítulo, encontramos o apóstolo Paulo, agora um prisioneiro em Roma, sem liberdade mais para pregar a palavra, mas recebia a todos os

CAPÍTULO OITO: O REINO DE DEUS

que iam vê-lo. Qual foi o assunto de sua pregação? Era o mesmo que o Mestre no início - o reino de Deus.

Quão importante, então, este assunto deve ser para o Senhor, quando Seu últimos quarenta dias na terra foram gastos falando sobre isso, e quando foi o tema da pregação dos apóstolos! Que tema maravilhoso o Evangelho é, a boa nova de Deus, a mensagem do amor redentor! Mas esse é o único interesse de Deus nos homens? É só de que eles deveriam desfrutar da bênção de Seu poder salvador e de Seu cuidado paternal? Essa é a única razão pela qual Cristo morreu? Na verdade, não! Ainda assim muitos crentes não vão além disso. Eles parecem estar satisfeitos em receber de Deus e deixam de perceber que Deus reivindica algo deles em troca. Ele reivindica obediência à Sua palavra. "Se alguém me ama", disse o Senhor Jesus, "manterá a minha palavra ... Quem não me ama não guarda as minhas palavras" (Jo.14:23,24). Suas palavras nos foram dadas nos Evangelhos, e também por meio de Seus apóstolos. As palavras dos apóstolos são para nós as palavras do Senhor, e se o amarmos, devemos guardá-los.

O reino de Deus - o que é? É o paraíso? Não! É a sujeição de Seu povo à vontade de Deus aqui na terra. Por quarenta dias o Senhor instruiu Seus discípulos quanto as características do reino, da maneira que homens e mulheres pudessem mostrar amor e sujeição a Ele: pois Ele é Senhor e Cristo (Atos 2:36). Em primeiro lugar, devemos ter claro que nenhuma pessoa pode entrar, ou mesmo ver o reino de Deus sem o novo Nascimento (João 3:3-5), sobre o qual escrevemos no capítulo dois. Uma pessoa não convertida não pode entender nada do reino de Deus. A vida vinda de Deus é essencial antes que o reino de Deus possa ser compreendido ou entrado.

O novo nascimento é o único elemento essencial para estar no reino de Deus? Não! Só assim podemos vê-lo ou teremos o privilégio de entrar nele. Estar no reino de Deus depende de nossa sujeição ao Senhor, e o primeiro passo da sujeição a Ele é o batismo nas águas. Então está escrito: "Quando eles acreditaram em Filipe pregando boas novas sobre o reino de Deus e do nome de Jesus Cristo, eles foram batizados ". Eles não foram aspergidos, foram batizados e o batismo é imerso ou imerso em água; é uma figura de sepultamento e ressurreição (Rom.6:4,5).

Ninguém que se recusa a obedecer ao Senhor em matéria de batismo está no reino de Deus, pois o reino de Deus é composto não apenas de pessoas salvas, mas também de pessoas obedientes. Existem privilégios e também responsabilidades em qualquer reino. Uma pessoa que goza da proteção de qualquer país também deve estar sujeita à leis daquele país; ele deve reconhecer um estado soberano e obedecer às suas leis. Então, descobrimos que nos Atos dos Apóstolos, os discípulos que obedeciam ao Senhor por meio da palavra dos apóstolos estavam em uma comunidade, embora espalhados em muitos países. Esta comunidade é denominada nas Escrituras, "a comunhão de seu Filho, Jesus Cristo nosso Senhor" (1 Cor.1:9). Esta foi a expressão do reino de Deus - discípulos que reconheceram a autoridade do Senhor Jesus Cristo.

Preciso lembrar ao meu leitor que esses discípulos eram todos eles nas igrejas de Deus? Embora em muitas cidades diferentes, algumas distantes uma da outra, eles tinham um Senhor e mestre, e uma fé que eles deviam guardar (Judas v.3).

O leitor pode ser perdoado se ficar perplexo com as muitas denominações que hoje baseiam seus ensinos na Bíblia; e ele pode perguntar: qual deles, ou todos eles, representam o reino de Deus? Três coisas se destacam claramente nas Escrituras. Em primeiro lugar, os crentes sozinhos, "desapegados", não podem formar o reino de Deus - tal reino envolve um povo "junto" fazendo a vontade de Deus. Em segundo lugar, várias denominações separados um do outro não pode formar o reino de Deus, pois como há um Senhor, há uma fé para todos; assim como todo estado terrestre soberano é um, um governo, uma lei para o povo. Terceiro - o reino de Deus implica obediência à vontade do Senhor como encontrado em todas as Escrituras.

O reino de Deus é visto expresso nas igrejas de Deus; como era nos tempos dos apóstolos, assim é hoje, pois a palavra do Senhor não mudou. Salvação, depois batismo e, em seguida, adicionando àqueles que são obedientes a palavra do Senhor; seguido pela permanencia na doutrina dos apóstolos e na comunhão, partir do pão, e as orações (Atos 2:41,42). Ainda são tão essenciais para estar no reino de Deus como nos dias dos apóstolos.

Independência, seja em um crente ou em um grupo de crentes, é fora do governo do Senhor, como visto no reino de Deus. Ser não denominacional pode soar bem, mas muitas vezes surge do desejo de seguir seu próprio caminho. "Aquele que se separa busca o seu próprio desejo" (Prov.18:1).

O reino de Deus não é o mesmo que a Igreja que é o Corpo de

Cristo nem é o agregado, o conjunto de todas as denominações, mas é visto na submissão de coração dos crentes em as igrejas de Deus à autoridade do Senhor Jesus Cristo. Ele deseja que Seus discípulos sejam um e só assim eles podem expressar o reino de Deus. Para que possa haver regra e governo entre aqueles que estavam juntos de Deus, havia presbíteros nomeados em cada igreja (Atos 14:23). Os discípulos foram exortados a serem sujeitos a esses presbíteros que governavam entre eles (Hb.13:17; 1 Ts.5:12,13).

A obra dos anciãos é cuidar do rebanho de Deus, não dominá-lo com a posição atribuída a eles, mas fazendo-se exemplos para o rebanho. Um espírito de sujeição, do mais jovem para o mais velho, deve ser visto (1 Pe.5:1-11). É digno de atenção que havia presbíteros ou pastores nomeados em cada igreja. Isto é não "o presbítero" ou "o pastor", mas presbíteros, sempre mais de um.

No reino de Deus há liberdade para todos usarem o dom que Deus lhes deu, seja como evangelistas, como pastores ou presbíteros, ou como professores. O ministério de um homem apenas na igreja, como visto em "o pastor" ou "o clérigo" era desconhecido nas igrejas do Novo Testamento. No reino de Deus existe responsabilidade e sujeição (como existe em todo estado soberano), e sobre tudo existe um Senhor, Jesus Cristo.

O seu coração responde a isso, caro leitor? Ou você ama a "liberdade" do não denominacionalismo que se opõe ao governo e governo divinos? Lembre-se de que se buscarmos primeiro o reino de Deus e Sua promessa de justiça, todas as outras coisas necessárias nos serão acrescentadas (Mat.6:33). Novamente, o reino de Deus é "... justiça e paz e alegria no Santo Espírito"

(Rom.14:17). A sujeição à palavra de Cristo produzirá em nós justiça, paz e alegria no Espírito Santo. Que possamos ser considerado digno do reino de Deus (2 Tessalonicenses 1:5).

> "Logo Teus pés triunfarão
> Mais uma vez na testa de Olive,
> Quando os homens e reis de todas as terras
> Ao Teu grande nome se curvará.
> Enquanto isso, ó Senhor, Teu cetro empunha
> Entre Teus poucos leais
> Até, como no céu, toda a terra cederá
> A Ti Tua realeza. "

10

CAPÍTULO NOVE: O PARTIR DO PÃO

"'Quando chegou a hora, Jesus e os seus apóstolos reclinaram-se à mesa. E disse-lhes: "Desejei ansiosamente comer esta Páscoa com vocês antes de sofrer. Pois eu digo: Não comerei dela novamente até que se cumpra no Reino de Deus". Recebendo um cálice, ele deu graças e disse: "Tomem isto e partilhem uns com os outros. Pois eu digo que não beberei outra vez do fruto da videira até que venha o Reino de Deus." Tomando o pão, deu graças, partiu-o e o deu aos discípulos, dizendo: "Isto é o meu corpo dado em favor de vocês; façam isto em memória de mim". Da mesma forma, depois da ceia, tomou o cálice, dizendo: "Este cálice é a nova aliança no meu sangue, derramado em favor de vocês" (Lucas 22:14-20).

"Porque, sempre que comerem deste pão e beberem deste cálice, vocês anunciam a morte do Senhor até que ele venha" (1 Cor.11:26).

"E no primeiro dia da semana, quando estávamos reunidos para partir o pão" (Atos 20:7).

CAPÍTULO NOVE: O PARTIR DO PÃO

Nenhuma ocasião é mais querida para o discípulo do Senhor do que esta, quando ele é reunido com outros para Lembrar do Senhor. Quão tocantes foram as palavras do Senhor, quando Ele se sentou com os seus pela última vez antes de sua morte! "Desejei ansiosamente comer esta Páscoa com vocês antes de sofrer" (Lc.22:15).

E então, depois de manter a páscoa, que Ele deu aos Seus discípulos a Lembrança no pão partido e no vinho derramado. "Faça isso", disse Ele," em memória de Mim." É evidente a partir de 1 Coríntios 11:20,23 que esta Lembrança só deve ser mantida quando a igreja (ou seja, a igreja de Deus) está reunida, embora quando o apóstolo escreveu para os coríntios, a igreja lá estava em uma condição inadequada para se lembrar do Senhor, e Ele escreveu para corrigir esta condição. A lembrança não deve ser em qualquer momento e em qualquer lugar, mas quando os discípulos estão juntos no primeiro dia da semana (Atos 20:7). É evidente que os discípulos guardaram a lembrança do Senhor Jesus todos os dias do Senhor. Os discípulos do Senhor hoje seguem este exemplo.

Foi quando os discípulos foram batizados e acrescentados que eles continuaram no partir do pão (Atos 2:41,42). Alguns crentes podem insistir que é errado não permitir na mesa os que são verdadeiramente filhos de Deus, mas esta lembrança foi dada aos discípulos do Senhor, não apenas aos filhos de Deus. Não é a Mesa do Pai, mas a Mesa do Senhor, e isso implica obediência. Se é verdade para o leitor que é o Senhor que adiciona crentes às igrejas de Deus (Atos 2:47; 11:24), ele não terá dificuldade em ver que somente os crentes que foram batizados e acrescentados devem ser encontrados partindo o pão em memória do Senhor.

Não existe nada nas Escrituras sobre "comunhão ocasional", um crente vindo apenas para partir o pão. Paulo escreveu à igreja de Deus em Corinto: "Pois como haveria eu de julgar os de fora da igreja? Não devem vocês julgar os que estão dentro? Deus julgará os de fora" (1 Cor.5:12,13). Um crente está dentro ou fora da igreja de Deus, e só aqueles que estão dentro são privilegiados para participar da Lembrança do Senhor. Eles também são responsáveis por obedecer, pois privilégio e responsabilidade andam juntos. Um discípulo está dentro quando Ele é adicionado, e é o Senhor quem adiciona.

A prática de "carregar os emblemas" para a casa de um crente, ou de ter a ceia em qualquer dia da semana, é fora das Escrituras. É verdade que alguns fazem essas coisas com um desejo de mostrar seu amor a Cristo, e para confortar aqueles quem são crentes; mas não é o caminho do Senhor, e o discípulo do Senhor buscará o Seu caminho. A lembrança do Senhor no pão partido e vinho derramado foi dado apenas aos discípulos que estão reunidos em obediência à Sua palavra, e apenas no dia do Senhor que está lembrança é mantida. O crente no Senhor Jesus Cristo que O ama buscará os discípulos como Paulo fez (Atos 9:26) para que ele possa se juntar a eles, e com eles participar da Sua Lembrança.

Quanta dignidade, mas quanta simplicidade há no arranjo Divino: "Aqueles então que receberam sua palavra foram batizados ... acrescentou ... continuou firmemente no ensino e comunhão dos apóstolos, no partir do pão e nas orações" (Atos 2:41,42). Enquanto o pão e vinho são tomados a cada dia do Senhor, simples, mas preciosos emblemas de Seu corpo e de Seu sangue, os corações daqueles que amá-lo são atraídos novamente em amor e gratidão. Nós precisamos dessa lembrança.

Precisamos ser atraídos de novo a cada dia do Senhor para considerá-lo. Não apenas isso, mas a partir da consideração de Sua obra, e de Seu glorioso valor, deve surgir em nossos corações redimidos que adoram e louvam a Deus, nosso Pai. Quando Deus nos salva e nos une com os outros, Ele faz isso para Seu louvor, para que possamos oferecer a Ele sacrifícios espirituais (1 Ped.2:5), que é o sacrifício de louvor (Heb.13:15).

Nos custará algo obedecer ao Senhor, mas nos custará infinitamente mais não obedecê-Lo. Vai nos custar na falta de comunhão com o Senhor agora, e na Sua aprovação no dia quando a obra de nossa vida for recebida por Ele em Sua vinda.

"Quão solene é o pão partido!
Sinal de Seu santo corpo, morto,
Quem sofreu em nosso lugar;
Jesus, nosso Senhor.
A taça de vinho derramada, vemos;
Fala de perdão completo e gratuito,
E fala de sua profunda agonia -
Jesus, nosso Senhor."

11

CAPÍTULO DEZ: O CONSOLADOR – O SANTO ESPÍRITO

"Mas eu afirmo que é para o bem de vocês que eu vou. Se eu não for, o Conselheiro não virá para vocês; mas, se eu for, eu o enviarei"(João 16:7).

"Quando Ele, o Espírito da verdade, vier, Ele deve guiar você em toda a verdade: ... Ele me glorificará, porque receberá do que é meu e o tornará conhecido a vocês" (Jo.16:13,14).

É evidente a partir desses versos que o Espírito Santo é uma pessoa e não apenas uma influência. Embora o Senhor fosse deixar os Seus discípulos em breve, Ele não os deixaria sem um Guia. Era necessário que Ele os deixasse, pois quando Ele se fosse, Ele enviaria o Consolador, o Espírito Santo, que nunca os deixaria. No dia de Pentecostes Ele veio, em cumprimento a promessa do Mestre.

> "Ele veio em línguas de chamas vivas

> Para ensinar, convencer, subjugar;
> Todo poderoso como o vento Ele veio,
> Invisível também."

Que mudança nos apóstolos quando Ele veio! Que poder havia em suas palavras quando o Espírito Santo falava através deles! Vamos pesquisar nas Escrituras para aprender mais sobre esta maravilhosa Pessoa Divina. Ele é chamado nas Escrituras:

- O Consolador (Jo.14:16)
- O Espírito da Verdade (Jo.14:17)
- O Espírito Santo (Jo.14:26)
- O Espírito de Deus (Rom.8:9)
- O Espírito de Cristo (Rom.8:9)
- O Espírito do Senhor (2 Cor.3:17)
- O Senhor o Espírito (2 Cor.3:18)

Esses e outros nomes definem Seu caráter e Sua obra. Muitas escrituras falam de Seu trabalho em associação com o Pai e com o Filho, tais como: "Há diferentes tipos de dons, mas o Espírito é o mesmo. Há diferentes tipos de ministérios, mas o Senhor é o mesmo. Há diferentes formas de atuação, mas é o mesmo Deus quem efetua tudo em todos" (1 Cor.12:4-6).

"De acordo com o pré-conhecimento de Deus Pai, pela obra santificadora do Espírito, para a obediência a Jesus Cristo e a aspersão do seu sangue: Graça e paz lhes sejam multiplicadas" (1 Pedro 1:2).

Essas escrituras mostram a unidade do Espírito com o Pai e com o Filho em seus conselhos e ações. Vamos nos alegrar que este gracioso Convidado celestial veio morar conosco, e em nós. Sua obra em nós é nos guiar em toda a verdade e glorificar Cristo. Como é importante obedecermos. É evidente em Atos 10:44 e Atos 11:17 que o Espírito Santo é dado a cada pessoa que crê no Senhor Jesus Cristo. A vinda do Espírito Santo para habitar dentro do crente é denominado nas Escrituras:

- Batismo no Espírito (1 Coríntios 12:13)
- Selando com o Espírito (Ef.1:13)
- A Unção do Espírito (1 Jo.2:27)
- O penhor do Espírito (2 Coríntios 1:11)

É o *batismo* no Espírito, porque somos batizados no Espírito no Corpo de Cristo. É a *selagem* do Espírito, porque nós somos selados Nele, até o dia da redenção, isto é, até a vinda do Senhor. É a *unção* do Espírito, porque Ele veio para nos ensinar como discípulos. É o *penhor* do Espírito, porque Ele é o antegozo para nós da glória vindoura. "Ele deve estar com você para sempre!" o Senhor Jesus disse (João 14:16). Este é nosso pela fé em nosso Senhor Jesus Cristo. Nenhuma pessoa pertence a Cristo, a menos que tenha o Espírito de Cristo (Rom.8:9).

Nenhuma reforma, nenhuma boa ação, nenhuma observância religiosa pode fazer de uma pessoa um cristão. Somente através da selagem do Espírito de Deus, que podemos ser Dele. Qual é então a nossa responsabilidade? Certamente não é para lamentar o Espírito Santo de Deus, em quem fomos selados até o dia de redenção (Efésios 4:30). Amargura, ira, raiva, clamor, injúria - tudo isso O entristece. O cristão não deve ser uma pessoa dado ao mau humor, ou à amargura de pensamento (como guardar rancor de alguém), ou mesmo aos gritos altos

CAPÍTULO DEZ: O CONSOLADOR - O SANTO ESPÍRITO

(clamor). Ele deve lidar com os outros como Deus tratou com ele, com graça e paciência; firme se necessário, mas sempre gentil. Ele deve andar em amor, como Cristo o amou. Quantas vezes os não salvos obtem uma impressão errada do caráter de Deus, por causa do mau temperamento, ou amargura, ou aspereza de alguns que professam conhecer Cristo. Por outro lado, como nossas vidas são testemunho quando guiados pelo Espírito.

Devemos dar ouvidos ao ensino do Espírito Santo, porque Ele revelará as coisas de Cristo à nós (João 16:14). Essas coisas, é claro, são encontradas nas Escrituras. É às Escrituras que nos voltamos para ouvir o Espírito falando conosco. À medida que nós examinamos, com oração e humildade, os tesouros de Cristo - que é a Sabedoria e o Poder de Deus – será revelado para nós. Então, ao obedecê-lo, que bênção será para todos os que nos veem e nos ouvem (Ps.119:74).

É a vontade do Senhor que sejamos cheios do Espírito (Efésios 5:18). Como pode ser? Como o Espírito de Deus nos possuirá e nos preencherá, para que, doravante, falemos uns aos outros que sempre daremos graças por todas as coisas em salmos, hinos e canções, cantando e fazendo melodias com nosso coração ao Senhor? Além disso, o que é talvez o mais difícil de tudo, como sujeitar-nos uns aos outros no temor de Cristo? Como vem a plenitude do Espírito Santo? É pela rendição de nós mesmos a Deus, que então percebemos que não somos de nós mesmos (1 Cor.6:19,20). Por isso, somos solicitados a nos render a Deus (Rom.6:13). O amor a si mesmo não nos governa mais, as paixões da carne são crucificadas, seremos cheios do Espírito. Se não nos rendermos, se vivermos para nós mesmos, se a carne com suas paixões e a luxúria não são vencidas, então permaneceremos atrofiados e empobrecidos espiritualmente - "vivos e nada mais". Sobre alguns, Paulo com lágrimas, escreveu que eles "cuidam das coisas terrenas" (Fp.3:19). Quão diferente é o crente que está cheio do Espírito.

É somente pelo Espírito que seremos capazes de mortificar (ou fazer morrer) as obras do corpo (Rom.8:13). O que Paulo não pôde fazer em sua própria força, como visto em Romanos 7:19, ele era abundantemente capaz de fazer pelo poder vivificador do Espírito de Deus, como visto em Romanos 8:11. É a vontade de Deus para nós, que devemos servir-lo na plenitude do Espírito Santo, de acordo com Sua vontade revelada. Não precisamos ficar aquém disso, pois Ele tem a provisão completa para nós nas Escrituras Sagradas, e pelo poder do Espírito que habita em nós.

> "Ele veio para transmitir uma doce influência,
> Um convidado gracioso e disposto,
> Onde ele pode encontrar um coração humilde
> Onde descansar.
> E cada virtude que possuímos,
> E cada vitória ganha,
> E cada pensamento de santidade,
> São apenas Dele."

12

CAPÍTULO ONZE: A VIDA DO CRISTÃO

"... vocês morreram, e sua vida está escondida com Cristo em Deus. Quando Cristo, que é a nossa vida, se manifestar, então vós também sereis manifestados com Ele na glória" (Col.3:3,4).

Cristo é a vida oculta do crente, e porque Ele é a vida do crente, portanto, o crente deve colocar sua mente nas coisas do alto, onde Cristo está. O crente é salvo da pena do pecado; Deus o vivificou junto com Cristo e o assentou com Cristo nos lugares celestiais (Ef.2:5,6). O cristão que acredita nesta verdade terá uma mente celestial; ele fixará sua mente nas coisas que estão acima. O cristão que não coloca sua mente nas coisas do alto, será terrestre; seu coração estará voltado para as coisas terrenas. Portanto, achamos o estranho espetáculo de alguns crentes, que, embora professem estar indo para o céu ainda estão bebendo profundamente nas fontes do mundo.

Eles têm pouco tempo para orações privadas e pouca sede para o Escrituras. Eles vivem e falam como os não salvos. Eles têm pouco falar sobre Cristo, porque eles não acompanham

Ele. Oh, que eles possam ouvir a palavra: "Você que está dormindo, acorde! Levante-se da morte, e Cristo o iluminará" (Efésios 5:14). Que a verdade de que já fomos ressuscitados com Cristo, e sentado com Ele nos lugares celestiais, preencha nossos corações para que cada vez que virmos este mundo, possamos o ver de cima. Quando olhamos do alto da glória de Cristo, nós Veremos como realmente é, e nos maravilharemos com quando os nossos corações foram colocados em coisas como as diversões deste mundo.

> "Tenho sede, mas não como antes,
> As vãs delícias da terra para compartilhar;
> Tuas feridas, Emanuel, todas proíbem
> Que eu deveria buscar meu prazer lá."

Qual é o segredo de uma vida frutífera? É Cristo. A vida do cristão não é desistir, mas ser cultivada. Ele não participa de diversões mundanas; Ele não enche seu coração de romances; e fumar não o agarra, porque ele é um homem celestial. Embora vivendo na terra, ele tira seu sustento do céu - de Cristo. O homem do mundo não entende o cristão, embora ele perceba que o cristão tem uma paz e alegria para as quais ele é um estranho. Ele não conhece a fonte do poder do cristão. Por outro lado, o crente de mente mundana é uma grande pedra de tropeço para o não salvo. Professando ser salvo por Cristo, ainda assim ele busca encontrar satisfação em coisas terrenas. Para ele, Cristo salva, mas não satisfaz.

Reflitamos bem sobre as palavras do Senhor em João 15:4: "Permanecei em mim e eu em você." Sim, uma coisa é estar em Cristo, e ser salvo; mas é outra coisa permanecer Nele, e Ele em

CAPÍTULO ONZE: A VIDA DO CRISTÃO

nós. "Quem permanece em mim e eu nele, esse muito suporta fruto: sem Mim nada podeis fazer." Oh, temos que aprender essa lição bem! Muitos crentes vivem vidas infrutíferas, porque tentam viver em algum lugar entre o mundo e Cristo. Se apenas a verdade e a bênção de permanecer em Cristo estar no seus corações, eles iram florescer e dar muitos frutos; eles transbordariam com alegria no Senhor. Somos chamados a compartilhar de Sua rejeição e de Sua alegria: "Para que a Minha alegria esteja em ti e que a tua alegria possa ser completa," disse ele. Quão diferente seria se Sua paz e Sua glória fosse nossa? É descrença e pouca fé, que rouba o cristão de sua alegria.

Alguns podem ser tentados a pensar que afinal o mundo tem algumas coisas que não são encontradas em Cristo. Conhecimento por exemplo - ciência - aquela palavra mágica que parece carregar tantos. O cristão - o cristão de mente celestial - a pessoa que tem um coração honesto e bom, se voltará para o Escrituras para ver se seu Senhor sabia algo sobre isso. Em Colossenses 2:3, ele vai ler: "Cristo, em quem estão todos os tesouros da sabedoria e conhecimento ocultos." Tudo o que existe de verdadeira ciência vem dAquele em quem todas as coisas consistem ou se mantêm (Colossenses 1:17), e que sustenta todas as coisas pelo poder se Sua palavra (Heb.1:3).

Vamos reverentemente dobrar os joelhos e o coração a Ele, em cujo Nome todo joelho ainda se dobrará (Fp.2:10). Jamais procuremos satisfazer o anseio de nossos corações por qualquer outra "fonte". Lembremo-nos de que somos participantes de um chamado celestial (Heb.3:1). Nós não precisamos esperar que o Senhor venha para desfrutar de nossa herança; nós fomos ressuscitados com Ele e assentados com Ele nos lugares celestiais agora. Quando vemos as coisas deste mundo, vamos desprezar as coisas temporárias.

> "Ó bendito Salvador, é o Teu amor
> Tão vasto, tão cheio, tão livre?
> Pois daríamos nossos corações, nossas mentes,
> Nossas vidas, nosso tudo, para Ti.
> Ó Senhor, nós guardamos em nossos corações
> A memória de Teu amor;
> E que sempre Teu nome para nós
> Um cheiro de gratidão prove. "

13

CAPÍTULO DOZE: A GUERRA DO CRISTÃO

"As armas com as quais lutamos não são humanas (Grego: carnais) ao contrário, são poderosas em Deus para destruir fortalezas"(2 Coríntios 10:4).

"pois a nossa luta não é contra seres humanos (Grego: contra carne e sangue), mas contra os poderes e autoridades, contra os dominadores deste mundo de trevas, contra as forças espirituais do mal nas regiões celestiais" (Ef.6:12).

O discípulo do Senhor Jesus Cristo é um homem de paz; ele é ordenado a seguir a paz com todos os homens (Heb.12:14). Mas enquanto ele segue a paz com os homens, ele tem uma guerra a ser travada contra os poderes das trevas; ele deve ser um bom soldado de Cristo Jesus (2 Tim.2:3). Sua luta não é contra a carne e sangue, mas contra o seu adversário o diabo, que anda à procura de quem possa devorar (1 Pe.5:8). Contra o inimigo implacável ele deve estar sempre em guarda, estar vigilante e resistir o diabo e ele fugirá dele.

A missão do soldado cristão na terra é estar pronto e levar rapidamente o evangelho da paz aos homens; para levar a mensagem do bendito Homem do Calvário, cuja vinda à terra foi anunciada pela Hóstia Celestial - "Glória a Deus nas alturas, e paz na terra, boa vontade para com os homens" (Lc.2:14), que pregava paz, e que fez paz pelo sangue de Sua Cruz (Col.1:20). Vivendo no mundo, o cristão tem responsabilidade para com o seu país. Ele deve orar por reis, e por todos os que estão em lugares altos (1 Tim.2:1,2). Ele sabe que aqueles que governam ocupam cargos como servos de Deus para a manutenção da lei e da ordem (Rom.13:1-7). Portanto, ele precisa estar em sujeição ao Governo, seja qual for o partido que possa estar no poder.

O cristão deve ser um bom cidadão do seu país. Se ele perceber sua vocação celestial, ele não aceitará parte na política, pois sua cidadania (ou estado político) está no céu, de onde também espera por um Salvador, o Senhor Jesus Cristo (Fil.3:20). O cristão não deve participar da guerra carnal. Nem o Senhor, nem qualquer um de Seus apóstolos, jamais colocou qualquer homem para morte. Em obediência ao seu Senhor, o cristão não deve assumir a espada (Jo.18:36). O Senhor Jesus não veio para destruir as vidas, mas para salvá-los (Lucas 9:56 KJV). Portanto, seus discípulos não deve tirar a vida, nem ajudar nisso, se eles caminharem como Ele caminhou (1 João 2:6).

O cristão é um homem de paz. Ele é um internacionalista no sentido que esses irmãos em Cristo são encontrados em todas as terras. Alguns crentes empunham a espada e encontram sua razão para isso no Antigo Testamento; mas eles fazem isso porque não percebem o chamado celestial do crente hoje, em comparação com o chamando terrestre de Israel segundo a carne. O cristão é chamado não só para que creia em Cristo, mas também sofra em Seu nome. Em todas as coisas Cristo deixou-lhe um exemplo de que ele deve seguir Seus passos (1 Ped.2:21).

Mas o cristão é chamado para uma guerra contra "contra os dominadores deste mundo de trevas, contra as forças espirituais do mal no mundo espiritual"- o exército de satanás. É contra eles que o cristão deve travar guerra. Como podemos ser vitoriosos contra esses inimigos invisíveis e poderosos? Devemos perceber a astúcia e estratégia desses principados e poderes. Eles são as forças por trás do "controle" que as falsas religiões têm sobre seus devotos. Muitas são as maneiras que procuram para afastar os homens de Cristo, o único Salvador. Eles são a força que tantas vezes afastam o cristão de Cristo, o único Salvador. Não se deixe enganar, companheiro cristão; "aquele que julga estar firme, cuide-se para que não caia!"(1 Coríntios 10:12). O diabo nem sempre é ouvido como um leão que ruge (1 Pedro 5:8); ele é frequentemente visto como um anjo de luz, e seus ministros como ministros de justiça (2 Cor.11:14,15).

O que sabemos sobre essa guerra espiritual? Podemos esperar prevalecer contra esses anfitriões sutis? Sim, louvado seja Deus! "Aquele que está em vocês é maior do que aquele que está no mundo" (1 João 4:4). Muitos crentes parecem não perceber a astúcia do adversário e dos poderes das trevas. Eles não se envolvem na guerra espiritual, nem buscam a Deus em oração como deveriam. Daí sua fraqueza. Por favor, leia sobre a armadura que Deus providenciou a nós. Aquela maravilhosa armadura de seis componentes, que é feita por oração (Ef.6:10-20). Vamos ver essas sete partes.

1. "Tendo cingido seus lombos com a verdade." Este é o primeiro parte da armadura do cristão. Devemos amar a verdade. O Senhor veio para dar testemunho da verdade, e todo aquele que é da verdade ouvirá a sua voz (Jo.18:37). Devemos ser verdadeiros em nossos pensamentos e palavras e caminhos, se quisermos ser Seus discípulos. Vamos comprar a verdade e valorizar cada palavra de Deus que é revelada a (Pv.23:23).

2. "Vestindo a couraça da justiça." Dentro um dia em que os padrões morais estão sendo reduzidos, vamos amar a justiça - uma vida justa. Quão vital para o Cristão é a couraça da justiça. Podemos esconder alguma injustiça de nossos semelhantes, mas não podemos nos esconder de Deus. Nem podemos nos esconder do Adversário; ele nos conhece, e ele é "o acusador de nosso irmãos" (Apoc.12:10). Lembre-se de que "toda injustiça é pecado" (1 João 5:17). "O SENHOR é justo; Ele ama a justiça: os retos hão de ver o Seu rosto" (Salmos 11:7).

3. "Tendo calçado os pés com a preparação do evangelho da paz." O guerreiro equipado do Senhor estará pronto para ir para onde e quando for enviado. O conflito contra os governantes mundiais desta escuridão precisa de homens com pés calçados. "Como são lindos os pés daqueles que trazem as boas novas!" (Rom.10:15). Não podemos nos enviar: "E como pregarão, se não forem enviados?" (Rom.10:15). Nós precisamos da preparação do evangelho da paz. Nós estamos preparado? Estamos prontos para falar da palavra a eles que estão na escuridão ou somos indiferentes? Quão vergonhoso se somos indiferentes! E se almas continuarem na escuridão porque estávamos despreparado. Que triste, se o chamado do Senhor vier, "Quem devo enviar, e quem irá por nós? (Is.6:8), e não

CAPÍTULO DOZE: A GUERRA DO CRISTÃO

tiver resposta de nós porque não estávamos preparados. Oh, que nossos pés sejam calçados com "a preparação do evangelho da paz"! "Vá com o nome de Jesus para os que estão morrendo, e fale nesse nome e todo de todo o seu poder de vida."

4. "Pegando o escudo da fé, com o qual será capaz de apagar todos os dardos inflamados do maligno." Na tentação dEle, a resposta do Senhor ao tentador em cada ocasião foi "Está escrito." Assim o cristão deverá ser para responder, se ele conhece a Palavra de Deus. Os dardo de fogo não podem penetrar o escudo da fé. Conte com a fidelidade de Deus e sua fé crescerá. Muitos caíram pela incredulidade. Mais de seiscentos mil homens de Israel pereceram no deserto por causa da incredulidade. "Eles não conseguiram entrar por causa da incredulidade" (Heb.3:19). Por nossa fé na Palavra de Deus, nós permanecemos. Não sejamos altivos, mas temam (Rom.11:20).

5. "Pegue o capacete da salvação." Aqui a esperança entra, adicionado à fé. Espero que isso faça o cristão se regozijar na tribulação. Que grande esperança! Quantas vezes o cristão obteve a vitória quando louvor foi levado a Deus. Quando Israel começou a cantar louvores porque Deus lhes deu a vitória (2 Crônicas 2:22); e quando Paulo e Silas estavam orando e cantando hinos que a prisão era abalada, e as bandas de todos os homens foram afrouxadas (Atos 16:25,26). Regozijemo-nos na esperança da glória de Deus.

6. "A espada do Espírito, que é a palavra de Deus." Quão impotente é o cristão que não conhece as Escrituras - tanto o Antigo como o Novo Testamento. Elas são dadoa para que o homem de Deus seja completo. "Deixe a palavra de Cristo habitar

ricamente em você", escreveu o apóstolo Paulo (Colossenses 3:16). Como ela deve habitar em nós? lendo, meditando e acreditando. "Vós, meditaremos nela dia e noite," disse o Senhor a Josué (Josué 1:8), aquele guerreiro da Antiga Aliança. "eu o exorto solenemente: Pregue a palavra", escreveu Paulo a Timóteo no Novo Testamento (2 Timóteo 4:1,2). Vamos pegar a espada do Espírito e usa-lá.

7. "Com toda oração." Quanta riqueza há neste versículo! Ver Jacó "lutando" com Deus por uma bênção (Gênesis 32:28). Ouça Paulo e seus companheiros em sua cela de prisão "Esforçando-se" em oração (Colossenses 4:12). Pense no Mestre ao acordar cedo e partir para um lugar deserto para orar (Mc.1:35). Por causa do exforço envolvido, alguns não se entreguem à oração. Há promessas para aqueles que oram (Mt.7:7). "Enquanto viverem os cristãos devem orar, pois somente enquanto oram, eles vivem."

Orando e observando. Orando sinceramente. Orando com expectativa. Orando no Espírito Santo. Este é o caminho para a vitória. Nós guerreamos contra forças poderosas e não ousamos ter a pretensão de guerrear em nossa própria força, mas "Se Deus é por nós, quem será contra nós?" (Rom.8:31). "Portanto, vista toda a armadura de Deus."

> "Quem está do lado do Senhor?
> Quem vai servir ao rei?
> Quem serão seus ajudantes,
> Outras vidas para trazer?
> Quem vai sair do lado do mundo?
> Quem vai enfrentar o inimigo?

CAPÍTULO DOZE: A GUERRA DO CRISTÃO

Quem está do lado do Senhor?
Quem por Ele irá?"

14

CAPÍTULO TREZE: A VINDA DO SENHOR

"Pois, dada a ordem, com a voz do arcanjo e o ressoar da trombeta de Deus, o próprio Senhor descerá dos céus, e os mortos em Cristo ressuscitarão primeiro. Depois nós, os que estivermos vivos, seremos arrebatados com eles nas nuvens, para o encontro com o Senhor nos ares. E assim estaremos com o Senhor para sempre" (1 Ts.4:16,17).

"Isso acontecerá quando o Senhor Jesus for revelado lá dos céus, com os seus anjos poderosos, em meio a chamas flamejantes. Ele punirá os que não conhecem a Deus e os que não obedecem ao evangelho de nosso Senhor Jesus" (2 Ts.1:7,8).

É claramente ensinado nestes versículos que o Senhor Jesus Cristo virá do céu, e que Ele está vindo pessoalmente. Nós não precisamos discutir a certeza de Sua vinda, nem o fato de que Ele mesmo virá, nem o fato de que muitos que estão vivos quando Ele vier será mudado e arrebatado, para nunca ver a morte (Jo.11:25,26). Essas coisas são ensinadas tão claramente nas escrituras, que não podemos entender como alguém que ama o Senhor e Sua palavra pode acreditar de outra forma. É evidente que as escrituras que nós lemos não se referem à mesma ocasião. Sua vinda será em duas partes ou etapas.

A primeira parte de Sua vinda será dos céus para aqueles que crêem Nele; a segunda parte de Sua vinda será à terra, quando Ele vier para reinar. Haverá um curto período de pelo menos sete anos entre essas aparições do Senhor (Dan.9:25). A respeito disso, não podemos agora ficar para escrever. Vamos considerar o dois estágios de Sua vinda.

O SENHOR ESTÁ VINDO DOS CÉUS.

Não podemos pensar nisso sem nos voltarmos para João 14:3 para ler as palavras do Mestre; "quando eu for e preparar lugar, voltarei e os levarei para mim, para que vocês estejam onde eu estiver." Não apenas para o céu Ele nos receberá, mas para Ele mesmo. Que dia glorioso! quando ouviremos o grito e sentiremos o poder transformador que mudará nossos corpos como o Seu próprio corpo glorioso. O crente que ama o Senhor não pode pensar nesse dia sem um desejo intenso por ele; e não só issoo, mas um desejo mais profundo de servi-lo mais fielmente nesse curto tempo que temos. Se a verdade da vinda do Senhor for verdadeiramente acreditada pelo cristão, terá um efeito profundo em sua vida. As seguintes escrituras mostram isso:

- João 14:1-3 - isso lhe trará paz e alegria.
- 1 Coríntios 11:26 - vai constrangê-lo a lembrar-se do Senhor com outros discípulos no partir do Pão.

- 1 Tessalonicenses 1:9,10 - fará com que ele sirva pacientemente, esperando pelo Filho de Deus do céu.
- 1 Tessalonicenses 4:13-18 - vai confortá-lo na morte de seus entes queridos, aqueles que morreram acreditando em Cristo. Também será seu "travesseiro calmo" se ele próprio for chamado para passar pelo vale escuro da morte, sabendo que, os "mortos em Cristo ressuscitarão primeiro."
- 1 João 3:2,3 - fará com que ele se purifique, assim como Cristo é puro. O cristão que espera a vinda do Senhor odiará a vestimenta manchada pela carne (Judas v.23). Se ele pecar, ele será rápido em se arrepender e para confessar seu pecado. Que efeito purificador a vinda do Senhor deve ter sobre nossas vidas!
- Apocalipse 3:11 - fará com que ele aguente firme, para não perder sua coroa - sua recompensa, se é que ele serviu o Senhor na fé e no amor.

O Senhor está vindo e Ele está vindo dos ares. Devemos subir para conhecê-lo. Oh, que o pensamento de Sua vinda tenha um efeito sobre nossas vidas dia após dia!

O SENHOR ESTÁ VINDO PARA REINAR

Parece evidente a partir de Zacarias 14:4 e Atos 1:11 que quando o Senhor vem para reinar, Ele virá ao Monte das Oliveiras, o lugar de onde Ele saiu. A maneira de Sua vinda será ser manifestada diferente de quando Ele vem por conta própria. Ele virá com um grito, mas quando Ele vier para reinar, Ele virá "em chamas de fogo" (2 Tessalonicenses 1:8). Em um céu iluminado como por um raio (pois o sol terá escurecido), Ele virá, e todo os olhos o verão (Mateus 24:27-31; Apocalipse 1:7).

CAPÍTULO TREZE: A VINDA DO SENHOR

Em Zacarias 12:10-14, vemos como Israel se humilhará quando eles O verem. De corações feridos eles dirão: "Certamente ele tomou sobre si as nossas enfermidades e sobre si levou as nossas doenças; contudo nós o consideramos castigado por Deus, por Deus atingido e afligido. Mas ele foi traspassado por causa das nossas transgressões, foi esmagado por causa de nossas iniquidades; o castigo que nos trouxe paz estava sobre ele, e pelas suas feridas fomos curados" (Is.53:4,5). Eles vão se lembrar do calvário, como nós. À medida que vemos o mundo vagando mais e mais na impiedade, e os corações dos homens se endurecendo; como vemos o retorno dos judeus à sua própria terra, após 1900 anos de exílio, nós devemos perceber também quão perto está a vinda do Senhor. Embora agora o judeu voltou a descrença e dureza de coração, o dia quando eles O verão não está muito distante.

Mas Israel deve primeiro passar por um tempo de aflição e provação e purificando, "o tempo de angústia de Jacó" (Jer.30:7). Se o tempo de Sua vinda a Israel e para reinar está próximo, então Sua vinda dos ares deve estar próximo. Não vamos dormir como alguns, mas vamos prestar atenção e ficar sóbrio. Entre Sua vinda dos ares pelos sEus e Sua vinda para reinar sobre a terra, é o tempo da grande tribulação: "Tal como não houve desde o início de o mundo até agora, nem nunca será. " amedrontador é o momento que "Se aqueles dias não fossem abreviados, ninguém sobreviveria Ou seria salvo; mas, por causa dos eleitos, aqueles dias serão abreviados" (Mat.24:22). Os terríveis acontecimentos daqueles anos são descritos para nós em detalhes no livro de Apocalipse, capítulo 6 a 20. Os profetas do Antigo Testamento também falaram daqueles dias (Joel 3).

Que dias gloriosos se seguirão no reinado de Paz do Emanuel, quando, por mil anos, esta terra será repleta do conhecimento do Senhor, como as águas cobrem o mar (Is.11:1-9; Hab.2:4). Então as nações não terão mais guerra" (Is.2:4). Lembremo-nos de que, se perseverarmos, também reinaremos com Ele (2 Timóteo 2:12).

"O próprio Senhor virá
E gritará a palavra vivificante;
Milhares responderão do túmulo.
"Para sempre com o Senhor."
Como devo encontrar esses olhos?
Eu vou lançar o meu Nele,
E em mim o prêmio do Salvador;
Misericórdia do primeiro ao último."

15

CAPÍTULO QUATORZE: O TRIBUNAL DE CRISTO

"Pois todos nós devemos comparecer perante o tribunal de Cristo"(2 Cor.5:10).

O "todos" aqui não é toda pessoa, é todo cristão, toda Pessoa "nascida de novo". Estes, e somente estes, aparecerão no Tribunal de Cristo. Muitos cristãos têm a impressão de que haverá um dia final de julgamento para todos, mas não é assim. Os julgamentos de Deus variam de acordo com o dispensação e o conhecimento de Sua vontade. O seguinte resumo o resumo mostra os vários julgamentos, que ainda são futuros:

1. O Tribunal de Cristo (2 Coríntios 5:10)
2. O julgamento de Babilônia, a Grande (Ap.17-18)
3. O julgamento do Homem do Pecado (2 Ts.2:8)
4. O julgamento dos santos do Antigo Testamento (Apocalipse 11:18)
5. O Remanescente de Israel julgado (Mal.3:1-4)
6. O julgamento das nações (Mat.25:31-46)

7. Satanás é lançado na cova (Apoc.20:1-3)
8. Gogue e Magogue destruídos (Apoc.20:8-9)
9. O Grande Trono Branco (Apoc.20:11-13)

O Tribunal de Cristo será o primeiro, e o Grande Trono Branco será o último dos julgamentos. "'Por mim mesmo jurei', diz o Senhor, 'diante de mim todo joelho se dobrará e toda língua confessará que sou Deus'" (Rom.14:11,12).

Em 1 Coríntios 4:5, vemos que o Tribunal de Cristo acontecerá quando o Senhor vier dos ares por conta própria. Então, os conselhos de nossos corações serão revelados. 1 Coríntios 3:13-15 mostra que o fogo testará nosso trabalho, não como eles parecem para nós, ou para outros, mas para o Senhor. Quantas vezes temos feito coisas para nossa própria glória, ou à nossa maneira, ou para agradar a nós mesmos. Quantas vezes também, simplesmente "fomos com a multidão" ou procuramos agradar aos outros. O fogo testará nossas obras de que tipo eles são. Então veremos nosso serviço como o Senhor o viu, e o julgamento será de acordo com a palavra que Ele nos deu. "Se alguém me ama", disse Ele, "guardará a minha palavra" (João 14:23). Não os sentimentos de nossos corações, mas que a palavra do Senhor seja o teste. Novamente, 1 Coríntios 3:15 mostra que, embora as obras do cristão são queimadas, ele mesmo será salvo. Isto é não é uma questão de vida, mas de recompensa no Tribunal de Cristo. A vida eterna para o crente está garantida: ele saiu de morte em vida (Jo.5:24).

Em 1 Coríntios 9:24-27, enquanto Paulo espera "aquele dia," ele está correndo firmemente, se esforçando para alcançar, cuidadoso para não ser rejeitado depois de ter encorajado outros. Oh, amarga é a tristeza dos cristãos que perderam a oportunidade de fazer a vontade de Deus! Eles serão salvos, do fogo. Salvo - mas sem nada. No céu, mas sem nenhuma marca da aprovação de Cristo. Companheiro cristão, à luz desse solene, perscrutadora dia, vamos encorajar uns aos outros a colocar a vontade de Deus em primeiro lugar em nosso vida. Em 2 Timóteo 4:6-8, Paulo terminou sua corrida, e agora ele tem a certeza de que "naquele dia" o Senhor lhe dará a coroa de justiça. Que glorioso final de sua corrida!

Considere suas palavras triunfantes, "Combati o bom combate, terminei a corrida, guardei a fé." A luta fala do conflito contra os hostes espirituais da maldade. Nos conta a história da corrida com paciência. A fé é a doutrina do Senhor que ele guardou. Agora ele está certo de que naquele dia, o Senhor, o justo Juiz, lhe dará a coroa da justiça; mas não apenas para ele: esta coroa é para todos aqueles quem amaram a aparição do Senhor Jesus Cristo, por todos aqueles que como ele, lutaram e terminaram e mantiveram.

Não podemos amar a vinda do Senhor a menos que tenhamos mantido Sua palavra. Nós também estaremos diante dEle naquele dia. Como seremos gratos, à medida que nos aproximamos do final da corrida, se nós pudermos dizer: "Eu lutei - eu terminei - eu mantive." Nós não podemos trazer de volta os anos que se passaram, nem as oportunidades perdidas, mas o tempo presente é nosso. Que possamos buscar a graça para fazer a vontade de Deus, não tornando nosso objetivo agradar a nós mesmos ou aos outros, mas para agradar Aquele que por nossa causa morreu e ressuscitou.

"Ele se senta exaltado no trono,
Para nós, como poderoso Salvador conhecido,
Nosso único Senhor;
Ele espera com olhar aguçado e expectante,
A vinda daquele dia dos dias,
O dia de sua recompensa.
Diante do trono do santo julgamento
Veremos, ao nos curvarmos com reverência,
Nossos trabalhos em fogo sejam julgados.
Em vista dessa chama devoradora,
Seja esta nossa oração, e este nosso objetivo
Que nEele possamos permanecer."

16

EPÍLOGO

Agora, meu companheiro cristão, antes de terminar, posso escrever uma palavra de despedida? Nós conversamos juntos das coisas de Cristo. Que percebemos que Ele mesmo está conosco pelo Espírito Santo, ouvindo nossa conversa e experimentando nosso pensamentos. É verdade que sobre essas coisas, referimo-nos apenas às Escrituras. Não aceitamos como autorizadas palavras dos homens, nem como doutrinas qualquer denominação. As práticas dos apóstolos e das primeiras igrejas de Deus têm sido o nosso guia.

Quanto, quanto, o Senhor Jesus amou os homens que não só acreditou Nele, mas quem também seguiu a Ele nos dias da Sua carne, que O seguiu durante o tempo de Suas tentações. Que todo coração honesto e bom, ao examinar as Escrituras para descobrir se essas coisas são verdadeiras, vá a Ele. Não podemos agora estar em companhia dele como nos dias de Sua carne, mas podemos amar Ele, e obedecê-lo como os primeiros discípulos fizeram. Para nós, uma palavra é "Portanto, saiamos até ele, fora do acampamento, suportando a desonra que ele suportou"

(Heb.13:13). Estar com ele implica deixar o que não está de acordo com a Sua vontade.

Ainda não sabemos como deveríamos saber, mas se amamos a Deus, somos conhecido Dele (1 Cor.8:2,3). Se Ele tem o primeiro lugar em nossas vidas, não apenas de uma forma emocional, mas em obediência à Sua palavra, então, de fato, o amor de Deus é aperfeiçoado em nós (1 João 2:3-5).

www.ingramcontent.com/pod-product-compliance
Lightning Source LLC
Chambersburg PA
CBHW071332040426
42444CB00009B/2133